EIN VOGEL WIE WIR
Was Raben und Redakteure gemeinsam haben? Lust auf Gemeinschaft – und tierische Neugier

Liebe Leserin, lieber Leser,

wer von uns hat noch nicht davon geträumt, wie ein Vogel die Schwingen ausbreiten zu können, über Seen, Berge und Meere zu gleiten, grenzenlos frei zu sein? Der Gedanke ist auch deshalb so faszinierend, weil wir ahnen, wie anders, wie fantastisch die Welt sein muss, wenn man sie aus der Perspektive der Vögel wahrnimmt. Und weil wir immer wieder aufs Neue verblüfft werden, mit welch erstaunlichen Tricks und Fähigkeiten Meisen, Finken und Kolibris, Sittiche, Eulen und Stare nahezu jeden Winkel der Erde erobert haben und bewohnen.

Gerade in den letzten Jahren hat die Forschung unser Wissen über Federtiere erheblich erweitert: Dank moderner Technik lassen sich etwa das spektakuläre Flug- und Jagdverhalten von Adlern studieren oder in uralten Knochen Hinweise auf die evolutionären Wurzeln der Vögel finden. Untersuchungen teils erbsengroßer Gehirne geben Aufschluss über die überragende Intelligenz von Krähen und Papageien. Und Tracking-Geräte enthüllen, auf welch abenteuerlichen Routen Albatrosse und Co die Erde überfliegen.

Wer sich mit den Erkenntnissen der Ornithologie befasst, kann gar nicht anders, als staunend in den Himmel zu blicken, sich am Balztanz eines Haubentauchers oder dem Nestbau einer Beutelmeise zu erfreuen. Das Glück, Vögel zu beobachten, zählt für viele zu den erfüllendsten Erfahrungen, die man in der Natur machen kann. Wir hoffen, dass die Beiträge auf den folgenden Seiten dazu einen Anstoß geben.

Dieses ist das letzte Heft in der Reihe von GEOkompakt. Mit Neugier und Akribie haben wir in nunmehr 75 Ausgaben versucht, den Kosmos der Forschung so spannend und so verständlich wie möglich aufzubereiten. Auf GEO+, dem digitalen Angebot von GEO, geht die Reise weiter. Wir würden uns freuen, Sie auch für dieses Angebot begeistern zu können.

Herzlich

Sebastian Witte Rainer Harf

Redaktion GEOkompakt

»kokuliklix«

INHALT

NR. 75

Von Sinnesmeistern, Überfliegern und Künstlern

Von Tierliebe, Rettungseifer und Artenschutz

Alle Daten und Fakten sind vom Verifikations- und Rechercheteam im Quality Board auf Präzision, Relevanz und Richtigkeit überprüft worden. Kürzungen in Zitaten werden nicht kenntlich gemacht. Redaktionsschluss dieser Ausgabe: 1[illegible]. Mai 2023. Weitere Informationen zum Thema und Kontakt zur Redaktion: www.geokompakt.de. Titelbild: Willi Rolfes

Die Welt der

Texte: **Rainer Harf**

Sie brüten auf Kakteen, tauchen in eisige Wellen, balzen um die Wette und flattern über den Wolken: Vögel verfügen über ein erstaunliches Repertoire an Verhaltensweisen und haben fast jeden Winkel der Erde erobert

Überflieger

IN DÜNNER LUFT

Die langen Hälse und Beine in die Waagerechte gestreckt überqueren Chileflamingos die eisigen Gipfel im Torres Del Paine National Park in Chile. Die Vögel lieben die Gemeinschaft, treffen sich mitunter in Gruppen von zehntausend Individuen zum Fressen, Balzen und Nisten. Während ihrer Wanderungen fliegen die Tiere oft in V-Formation, wobei sie, um die Truppe zusammenzuhalten, ständig lauthals miteinander kommunizieren. Häufig steuern die Vögel flache Gewässer an, in denen sie Kleinstlebewesen seihen. Um Wärme zu sparen, stehen Flamingos gern auf einem Bein, das andere eng an den Körper gezogen, den Kopf unter einen Flügel gesteckt. Und bis zu fast einem Drittel ihrer Zeit verbringen die anmutigen Vögel damit, ihr Gefieder zu putzen: So bleiben die Federn wasserdicht – und flugtauglich.

WIDER DIE KÄLTE

Flauschig weich ist das braune Daunenkleid dieses jungen Königspinguins. Ein guter Schutz vor dem rauen Klima, dem sich die Tiere auf den Falklandinseln im Südatlantik bei bloß fünf Grad Celsius im Jahresdurchschnitt stellen müssen. Noch wird der Kleine von seinen Eltern gefüttert, die nach strapaziösen Beutezügen im Meer immer wieder zu ihrem Küken zurückkehren und es mit nahrhaften Meeresfrüchten versorgen. Nach 10 bis 13 Monaten ist der Vogel stattlich genug (ausgewachsene Königspinguine können einen knappen Meter groß werden), um selbst auf Unterwasserjagd zu gehen. Dann hat er sein plüschiges Jungvogelgewand abgelegt und erstrahlt in jenem für die erwachsenen Tiere typischen Federkleid, das – anders als die Daunen – wasserdicht ist.

Ausgezeichnet wurde dieses Foto beim Wettbewerb »Bird Photographer of the Year 2022«, ebenso jene auf Seite 12 und 16.

GESCHMACKSSACHE

Wie wild schwirren die Bienen um diesen Schopfwespenbussard auf der Insel Taiwan. Doch der Greifvogel lässt sich nicht beirren, geht unerschrocken seinem Tagwerk nach. Und ist ein gutes Beispiel dafür, wie sich Vögel beinahe jede erdenkliche Nahrungsquelle erschlossen haben. Manche der weltweit knapp 11 000 Arten stehen auf pflanzliche Kost, fressen Gras, knuspern Samen, naschen Früchte, schlürfen Nektar. Anderen ist nach Tierischem zumute. Sie fressen Krebse oder Fische, Mäuse, Affen oder andere Vögel. Einige fühlen sich auch von Kadavern angezogen. Und *Pernis ptilorhynchus* hat Appeitit auf die Larven von Bienen und Wespen, schnappt gezielt nach deren Waben. Stiche braucht er kaum zu fürchten: Unter anderem schützen spezielle Federn seinen Kopf vor den Attacken der wütenden Insekten.

WER IST DER HAHN IM KORB?

Während der Brutsaison im Frühjahr sammeln sich auf Balzplätzen im US-Bundesstaat Colorado männliche Beifußhühner und liefern sich kurze, aber heftige Kämpfe. Rivalität ist der Motor für die Zwistigkeiten: Die Hähne wollen Überlegenheit demonstrieren und so Weibchen für sich gewinnen. Um die Angebeteten zu bezirzen, legen sich die Bewerber auch anderweitig mächtig ins Zeug: Im Prachtkleid stolzieren die Gockel umher, ihre Schwanzfedern zu einem Strahlenkranz gespreizt, und blähen bis zu zehnmal pro Minute ihre Brustsäcke auf, um beim raschen Entlassen der Luft ein Glucksen über die Steppe zu schicken. Wer am Ende den Wettbewerb gewinnt, das entscheiden die Damen. Und wählen unter den zahlreichen Aspiranten nicht selten den einen Glücklichen, dessen Gene sich bald zuhauf finden werden – in der nächsten Generation, die rund anderthalb Monate später das Licht der Welt erblickt.

IM BRUTGELAGE

Nur zur Paarung und Aufzucht ihrer Jungen verlassen Schwarzbrauen-Albatrosse die stürmischen Weiten des Ozeans: Auf den südatlantischen Falklandinseln kommen die Hochseevögel in riesigen Kolonien zusammen, in denen ein Erdnest neben dem anderen aus dem kargen Boden ragt. Gemeinschaftliches Brüten bietet Vorteile: Viele Augen erblicken Feinde rascher, viele Schnäbel picken sie eher in die Flucht. Je ein Ei bebrüten die Vogelpaare, die ihr Leben lang in monogamer Beziehung miteinander verbunden bleiben. Nach rund vier Monaten sind die Jungen flügge. Die meiste Zeit ihres Lebens werden sie dann in der Luft verbringen und mit ihren später bis zu 240 Zentimeter weiten Schwingen teils monatelang über die Wellen segeln.

ZURÜCK IN DIE FLUTEN

Auf den ersten Blick meint man, hier flitzten Pinguine durchs Wasser. Doch es sind Trottellummen, ausgezeichnete Taucher, die sich vor der Küste Schottlands in die frischen Fluten gestürzt haben und wahrscheinlich nach Fischen oder Krebsen Ausschau halten. Die Vögel zeugen davon, welch verschlungene Pfade die Evolution oft beschritten hat: So entwickelten sich vor mehr als einer halben Milliarde Jahren in den Meeren die ersten Tiere, viele Millionen Jahre später entstanden Fische, dann, vor rund 400 Millionen Jahren, wagten sich lurchartige Wesen an Land. Es waren auch die Urahnen der Dinosaurier, die schließlich die Kontinente beherrschten. Und eine Gruppe von Dinos schwang sich später als Vögel in die Lüfte. Doch manche Arten zog es wieder zurück in jenes Element, in dem die Fauna einst ihre Geburtsstunde erlebte.

FAMILIENBANDE

Hoch droben, eingebettet in die stacheligen Arme eines Saguaro-Kaktus, haben Wüstenbussarde ihren Horst gebaut, ein optimal geschütztes Kinderzimmer. Oft führen die Greifvögel eine Ménage-à-trois: Zwei Väter und eine Mutter (hier im Bild) kümmern sich aufopferungsvoll um ihre Brut. Meist gehen die Männchen auf Beutejagd – erhaschen etwa Eidechsen, Mäuse, Vögel. Das Weibchen wiederum übernimmt in der Regel das Stopfen der hungrigen Schlunde. Nach rund 40 Tagen beginnen die Jungvögel die nähere Umgebung zu erkunden und lernen bald darauf zu fliegen. Pro Saison ziehen die Alten zwei bis drei Bruten groß, wobei es nicht ungewöhnlich ist, dass manche der Jungvögel bis zu drei Jahren bei ihren Eltern bleiben und dabei helfen, ihre kleineren Geschwister mit Nahrung zu versorgen.

EIN JÄGER VON WELT

Morgennebel liegt über dem spiegelglatten Gewässer in Norwegen, doch schon im nächsten Augenblick wird die trügerische Ruhe durchbrochen: Mit ausgestreckten Fängen stürzt sich ein Fischadler zielsicher auf seine anvisierte Beute. Die Verbreitung von Vogelarten variiert enorm: Manche Spezies findet sich bloß auf sehr begrenztem Areal – wie der Weihnachtsinsel-Buschkauz, der ausschließlich auf dem gleichnamigen Archipel im Indischen Ozean haust. Ganz anders der Fischadler: *Pandion haliaetus* stellt recht geringe Ansprüche an seine Umgebung. Klar, Fische sollte es geben. Aber er kann in Bäumen, auf Felsen und, wenn es sein muss, auch auf dem Boden brüten. Und so lässt sich der fantastische Jäger etwa auf Grönland, Mallorca und den Kapverden ebenso beobachten wie in Ägypten, Costa Rica und Alaska.

HINTERS LICHT GEFÜHRT

Er löst ambivalente Gefühle in uns aus. Einerseits ist der Kuckuck ein Frühlingsbote, dessen heller Ruf im April durch die Wälder schallt. Andererseits ein dreister Schmarotzer, der seine Eier in fremde Nester legt. Sobald ein Kuckuckskind geschlüpft ist, setzt es alles daran, die anderen Eier aus dem Nest zu schmeißen. Und wird fortan von den ahnungslosen Adoptiveltern durchgefüttert (hier von einem Drosselrohrsänger). Biologisch betrachtet ist Brutparasitismus eine pfiffige Strategie: Den erwachsenen Kuckucken bleibt so mehr Zeit, Nahrung für sich selbst zu suchen, Nachkommen zu zeugen, Eier zu legen. Allzu verständlich aber, dass *Cuculus canorus* bei vielen Vögeln höchst unbeliebt ist: Erspähen sie einen erwachsenen Schmarotzer, attackieren sie ihn. Und wehe, ihnen kommt ein Ei verdächtig vor: Dann bugsieren sie es kurzerhand aus dem Nest.

Vom Wert der Vögel

Wer ein Auge für die Könige der Lüfte hat, blickt tiefer, findet GEO-Autor Fred Langer. Und erkennt, wie kostbar ihre Existenz für unser eigenes Dasein ist

Text: Fred Langer

Ich bin häufig abgelenkt, während ich schreibe. Auch jetzt schaue ich öfter mal auf, blicke über den Monitor hinweg durch das Fenster meines Arbeitszimmers, auf den Gehölzstreifen vor dem Haus: Blaumeisen turnen in den Fliederzweigen, ein Zaunkönig huscht durch das Unterholz, die Amsel scharrt im Laub, Spatzen halten einen Schwatz auf dem Zaun.

Nichts Besonderes eigentlich, Alltagsvögel. Und doch, sie fesseln immer wieder den Blick, lenken ab, auf eine sanfte, freundliche, beiläufige Weise. Viele Menschen erliegen dieser heiteren Zerstreutheit, haben gern Vögel um sich; locken sie im Winter mit Futter, hängen Nistkästen im Garten auf.

Vögel sind schön anzuschauen. Manchmal greife ich zum Fernglas, das auf den Büchern neben der Tastatur liegt, und bestaune diese Miniaturen der Natur: das

ÜBERFLIEGER
Vögel entschwinden in Sphären, die der Zivilisation enthoben scheinen – und sind zugleich aufs Engste mit unserer Lebenswelt verknüpft

plakative Schwarz-Orange des Gartenrotschwanzes, die feinen Gelb-Grau-Schwarz-Verläufe im Federkleid des Grünfinken.

Vögel sind wunderbar. Sie können sich in die Lüfte erheben, sie flattern davon, schweben scheinbar schwerelos in eine Welt, die für uns Menschen ewig unerreichbar bleibt. In die wir vielleicht mit komplizierten Hilfskonstruktionen vordringen können, niemals aber mit der Leichtigkeit eines Vogels.

Mühelos entschwinden sie in jene Sphären, in denen „das Zwischenreich des tierischen Lebens an die Gefilde der Engel, des himmlischen Lebens grenzt". So formuliert es 1856 Jules Michelet in seinem Buch „Die Welt der Vögel". Michelet war übrigens Historiker, bekannt für spröde Werke wie „Die Ursprünge des französischen Rechts" – und also auch ein Beispiel dafür, dass die Liebe zu Vögeln jeden und jede erfassen kann, jederzeit.

Die Fähigkeit zu fliegen erhob die Vögel in vielen Kulturen zu Mittlern zwischen Himmel und Erde, zu Göttern oder deren Boten; den Falken im Alten Ägypten etwa, den Quetzal bei den Azteken, die Raben in der germanischen Mythologie. Wenn Vögel sich aufschwingen in großer Zahl, wenn die Luft erfüllt ist vom Trompeten der Kraniche oder vom eindringlichen Rauschen, das ein Starenschwarm hervorrufen kann, dann halten die Menschen auch heute noch inne und blicken empor.

So wie ich neulich an der Ilmenau, einem Flüsschen hinter unserem Dorf. Da stand ich im Abendlicht und konnte mich nicht sattsehen an diesem Schauspiel: Eine pulsierende Wolke aus unzähligen Staren, die sich ausdehnte und wieder zusammenzog, aufstieg und absank, ständig neu formierte und wieder verdichtete zu einem einzigen Supraorganismus. Die wundervolle Choreografie schien einer klassischen Musik zu folgen, die aber unhörbar blieb. Lange blickte ich empor und betrachtete diese Kunstinstallation.

Die Wissenschaft hat Erklärungen für diese Inszenierung der Natur. Sie dient der Feindesabwehr; der verdichtete Schwarm führt dazu, dass etwa Falken und Habichte einzelne Beutetiere nicht mehr identifizieren und fixieren können.

Die Verbindung von Kunst und Wissenschaft in der Vogelbeobachtung wäre nicht neu. Marcus zum Lamm, Kirchenrat, Jurist und Pionier der Vogelkunde, trug in seinem „Thesaurus Picturarum" („Bilderschatz") vor mehr als 400 Jahren Texte und Bilder zu den Vögeln seiner kurpfälzischen Heimat zusammen. Gleichzeitig interpretierte er das Auftreten ungewöhnlicher Arten als gottgesandte Vorzeichen für Veränderungen in der Natur. Das waren bedeutsame Beobachtungen im 16. Jahrhundert, als sich das Klima während der „Kleinen Eiszeit" drastisch verschlechterte, was zu Hungersnöten und sozialen Krisen führte.

Einen Umschwung des Klimas aus dem Verhalten der Vögel abzulesen – welch verblüffend aktueller Ansatz. Heute künden Vögel von der Erderwärmung. Nie sah ich Störche so früh aus dem Süden zurückkehren wie in diesem Jahr, nie Kraniche in so großer Zahl bei uns überwintern. Dieses Jahr hielt sich ein Trupp von ihnen den ganzen Winter über in der Feldmark auf.

Viele Arten ziehen gar nicht mehr weg oder nur zögernd. Andere, früher hier nie gesehene, rücken aus dem Süden zu uns vor. Vögel sind „Bio-Indikatoren", sie geben Auskunft über Klimaveränderung, aber auch über die Zerstörung der Landschaft.

Wer offenen Auges durch die Natur geht, erkennt dramatische Veränderungen. Es fehlt so vieles in ihr. Es fehlt der knatternde Flügelschlag auffliegender Rebhühner, es fehlt der jubilierende Gesang der Feldlerche, es fehlen die Schwärme lärmender Kiebitze. Die Bestände der Feld- und Wiesenvögel sind in den vergangenen Jahrzehnten mancherorts komplett zusammengebrochen. Hauptgrund dafür ist die industrielle Landwirtschaft, die ihnen jede Lebensgrundlage raubt.

Vögel sind die Seele einer Landschaft

Wer Vögel sieht, wer sie kennt, der sieht auch, dass da etwas furchtbar falsch läuft im Umgang mit unseren Ressourcen. Dass wir eine neue, ganz andere Agrarpolitik bräuchten, das vor allem. Ich würde diese frustrierenden Vorzeichen manchmal am liebsten ausblenden. Aber da sind ja auch noch die anderen, die schönen Aspekte der Vogelbeobachtung. Und das eine gibt es nicht ohne das andere.

In den Vögeln offenbart sich der Zauber der Natur. Sie sind die Seele einer Landschaft, das Wesentliche in ihr. Wer sie zur Kenntnis nimmt, blickt tiefer, wird belohnt mit „einer milden Form der Bewusstseinserweiterung". So schreibt es meine Kollegin Johanna Romberg in ihrem Buch „Federnlesen" (siehe auch „Liebe geht durchs Fernglas", Seite 96). Kein anderes, das ich kenne, fasst die Begeisterung für Vögel in so kluge, schöne Worte.

Ich blicke auf von meinem Monitor: Der Rote Milan zieht seine Kreise, schwebend, gleitend, Ausschau haltend, über Gärten und Dächer hinweg. Ich folge dem eleganten Flug des Greifvogels. Während ich ihn betrachte, bin ich ganz bei mir und doch ganz woanders, versunken in entspannter Zerstreutheit. Bis der Vogel verschwunden ist, hinter den großen Birken, jenseits der Landstraße. ■

Alle Vögel sind *schon* da

Nackte Riesenechsen? Keineswegs! Zwar ist umstritten, ob der Tyrannosaurus mit flauschigem Flaum umherlief. Doch inzwischen steht fest, dass zahlreiche Dinosaurier ein Federkleid trugen. Eine Entdeckung, die als eines von vielen Indizien dafür gilt, dass sich aus den Echsen die heutigen Vögel entwickelten. Darunter auch: *Gallus gallus domesticus,* das Haushuhn

Text: **Jörn Auf dem Kampe**
Illustrationen: **Zhao Chuang/PNSO**

Ausgestorben? Von wegen! **Die Dinosaurier haben überlebt** und existieren mitten unter uns. **Als Vögel.** Die Geschichte einer unglaublichen Verwandlung, die unseren Blick auf die Echsen verändert

WER DIESE GESCHICHTE LIEST, wird Vögel mit anderen Augen betrachten. Der wird in jeder Straßentaube, in jedem Seidenreiher, in jeder Kohlmeise und jedem Spatz eine Anspielung sehen: auf eine der verrücktesten Episoden der Evolution. Eine Entwicklung, die aus Monstern anmutige Wesen machte.

Denn alle Vögel sind nichts anderes als weiterentwickelte Dinosaurier. Was für Laien schräg klingt, mutmaßen Forschende schon lange: Eine Clique der Dino-Sippschaft hat sich einst in flugfähige Tiere verwandelt und den Luftraum erobert.

Ein Mosaik an Indizien hat die Wissenschaft in Jahrzehnten gesammelt, aber erst seit Kurzem fügt es sich zu einem spektakulären neuen Bild der Vogelvergangenheit. Und zu einer neuen Sicht auf die Dinosaurier.

Einer ihrer wohl berühmtesten Vertreter ist *Tyrannosaurus rex,* der König der Urzeitmonster. *T-Rex* war Familienmitglied eines Clans mit dem komplizierten Namen „Coelurosauria", „Hohlschwanzechsen"). Sie waren manchmal tonnenschwer, besaßen kräftige Beine, Arme mit Greifklauen und zumeist eine Batterie beeindruckender Zähne. Die Ersten ihres Schlages stapften in der Zeit der Obertrias vor rund 228 Millionen Jahren über den Superkontinent Pangaea – und mit ihnen die Vorfahren der Vögel.

AUCH WENN ES KURIOS erscheint, jene Pioniere waren bereits sehr vogelähnlich. Viele Coelurosaurier bewegten sich agil und geschickt. Sie hausten in Kolonien, legten Eier, zogen ihre Jungen groß. Und sie führten wahrscheinlich sogar Balztänze auf, gaben gurrende und tschilpende Laute von sich. Wie heutige Vögel. Und dann der optische Auftritt der Urahnen: bunt wie ein Zirkusensemble. Gingen Forschende früher davon aus, dass Dinos quasi nackt waren, steht heute fest: Die meisten Vogelvorfahren trugen Federn (wie viele andere, entfernter verwandte Dinosaurier auch), Abdrücke davon haben sich hundertfach im Gestein erhalten.

Die Basisversionen der Federn waren primitive Ausstülpungen, ähnlich hohlen Stäbchen. Manche Dinos sahen aus, als hätten sie sich einen Flokati übergeworfen. Irgendwann wurden aus den Zipfeln kompliziertere Gebilde mit einem Schaft und davon abzweigenden Ästen. Später sogar Schwungfedern, deren Äste untereinander verzahnt waren (siehe Illustration auf Seite 34).

ALLERDINGS: FLIEGEN KONNTEN die frühen Coelurosaurier noch nicht. Die Körperbedeckung polsterte und schützte vor Regen und Kälte. Und sie diente als Reklamefläche zur Akquise von Sexpartnern. Manchen Dinosauriern wuchsen regelrechte Schwingen, die sie wie einen schattenspendenden Baldachin über dem Nest und den Kleinen aufspannten.

Eine Clique der Dino-Sippschaft hat sich einst in *flugfähige Tiere* verwandelt und *den Luftraum* erobert

GIGANTORAPTOR

Länge: um 8 Meter
Gewicht: 1,4 Tonnen
Auftreten: vor 85 Mio. Jahren
Fundort: China
flugtauglich: nein

Gigantoraptor, der »gigantische Räuber«, war mit simplen Federn bedeckt. An Armen und Schwanz sprossen ihm zudem lange »Filamente«, die einen Kiel und davon abzweigende Äste aufwiesen – ähnlich modernen Daunen. Verwendung: unklar. Aber ein Beweis für die ungeheure Experimentierfreude der Evolution

Zunächst langten sie mit ihren Armen *nach Beute,* dann wurden daraus Flügel

Federn waren nicht das einzige Experiment bei den Dinosauriern. Viele andere anatomische Extras, die heutige Vögel auszeichnen, kamen schon damals zum Vorschein: Zahnlose Kreaturen mit primitiven Schnäbeln tauchten auf. Das Hirn wurde leistungsfähiger. Dünnwandige, ultraleichte Knochen entwickelten sich. Arme wuchsen in die Länge. Zunächst langten die Vorfahren der Vögel damit nach Beute, später wurden sie zu Flügeln.

Und dann die Luftversorgung. Die Dinos perfektionierten Atemorgane, die über den ganzen Körper verteilt waren. Und in denen die Luft in einem permanenten Rundlauf zirkulierte, wie in einem Dudelsack. Was die Sauerstoffausbeute erhöhte. Noch heute verhilft dieses System den Vögeln zu Höchstleistungen.

Quer durch die Sippe der Hohlschwanzechsen testete die Natur nach dem Zufallsprinzip Innovationen, verwarf sie, brachte immer neue hervor. Es war eine Demonstration des Machbaren – lange vor dem ersten Flugversuch.

ES GIBT NUR WENIGE FOSSILIEN aus dieser Zeit, daher erscheint das Geschehen chaotisch. Aber einen Trend auf dem Weg zur Einnahme des Himmels können Forschende belegen: Vor 200 Millionen Jahren wurden die allermeisten Vorgänger der Vögel allmählich kleiner und leichter. Aber noch glichen sie Fabelwesen, jedenfalls aus heutiger Perspektive. Kreaturen irgendwo zwischen *T-Rex* und Steinadler, mit Mini-Schwingen an den Armen, Greifklauen, dichtem Gefieder und Echsenschwänzen.

Was aber musste geschehen, damit bei dieser Leistungsschau der Evolution der erste Dino in die Luft stieg? Wie rasch ging das über die Bühne?

MICRORAPTOR

Länge: um 77 Zentimeter
Gewicht: bis 1 Kilogramm
Auftreten: vor 130 bis 126 Mio. Jahren
Fundort: China
flugtauglich: ja

Der »Kleine Räuber« trumpfte mit einer Innovation auf: *Microraptor* verfügte über vier Schwingen und damit über eine große Tragfläche. Vermutlich konnte er hervorragend gleiten – musste dafür aber immer erst einen Baum oder Felsen erklimmen

Eine wichtige Rolle scheint ein unscheinbarer, aber großartiger Aspekt der Anatomie heutiger Vögel zu spielen: ihr Hintern. Dieser Bürzel ist mehr als nur ein verknappter Fortsatz mit untereinander verschweißten Wirbeln. Er hat Einfluss auf die Statik eines Tieres – und ist ein aerodynamisches Meisterwerk, genannt „Pygostyl". Die dort sitzenden Muskeln steuern die Schwanzfedern wie ein Leitwerk.

Die Erfindung des Bürzels könnte maßgeblich zur Lufttauglichkeit beigetragen haben, vermuten Forschende. Vor vielleicht 160, 150 Millionen Jahren treten die ersten Vogelvorfahren mit kürzeren Schwänzen auf. An ein paar wenigen Fossilien aus jenem Zeitalter kann man das ablesen.

a

WAS LANGE UNKLAR BLIEB: War die Innovation so wichtig, dass sie sich auch wirklich rasch verbreitete?

Forscher aus Yale und Harvard haben vor einigen Jahren bewiesen, wie geschwind sich die Anatomie verändern kann: Sie verhinderten im Erbgut eines Haushuhns die Bildung von lediglich zwei Proteinen, die an der Schädelbildung beteiligt waren. Schon formten sich Embryos mit einem breiten reptilienartigen Kopf – ohne spitzen Schnabel.

Was bedeutet: Es bedarf keines Totalumbaus im Genom, um sichtbare Veränderungen hervorzurufen.

OBERKREIDE *VOR 66 BIS 100,5 MILLIONEN JAHREN*

UNTERKREIDE *VOR 100,5*

Wildes Familientreffen

Die Geschichte der Vögel und ihrer Urahnen ist noch unübersichtlich. Die Zahl der Fossilien ist zu gering, um die exakten Schritte der Evolution zu bestimmen. Dieses Panorama in urzeitlicher Landschaft stellt den Kosmos der bekanntesten Vogelvorfahren dar, von den ältesten Formen (links) zum jüngsten Archaeopteryx *(ganz rechts) – der schon erstaunlich weit entwickelt war*

ALS VOR MEHR ALS 66 Millionen Jahren (siehe Zeiteinteilung oben) befiederte Dinosaurier wie der tonnenschwere ***Qianzhousaurus (1),*** der agile ***Velociraptor (2)*** oder andere flinke Räuber wie ***Luanchauanraptor (3)*** und ***Dilong (4)*** auf die Jagd gingen, als ***Citipati (5), Gigantoraptor (6)*** oder ***Beipiaosaurus (7)*** und der circa neun Meter hohe, mit Klauen bewehrte ***Therizinosaurus (8)*** am Boden noch nach pflanzlicher Nahrung suchten, hatten andere den Luftraum für sich entdeckt.

Zu dieser späten Zeit, kurz vor dem Untergang der Saurierwelt, existierten bereits Vögel. Einige von ihnen waren kaum von den heute lebenden zu unterscheiden. Andere hingegen erinnerten weit mehr an ihre Urahnen. Darunter befanden sich die zum Gleitflug fähigen ***Confuciusornis (9)*** und ***Jeholornis (10).***

BIS 145 MILLIONEN JAHREN

OBERJURA *VOR 145 BIS 161,5 MILLIONEN JAHREN*

Die Erfindung der Federn war eine gewaltige Innovation, vor 100 Millionen Jahre aber dienten die Anhängsel zumeist anderen Zwecken als dem Flug. ***Sinornithosaurus (11)*** oder auch den dem ***T-Rex*** ähnelnden ***Yutyrannus (12)*** schützten sie womöglich vor Kälte.

Einen schillernden Auftritt verschafften sie ***Caudipteryx (13)*** – die hier gezeigten Farben sind allerdings hypothetisch. Vor rund 130 Millionen Jahren waren Federn vermutlich bereits sehr weit verbreitet, so bei ***Tianyuraptor (14), Sinosauropteryx (15), Nuthetes (16), Mei (17)*** oder dem mit auffälligem Kamm und Höcker bestückten ***Concavenator (18).***

Der Pflanzen vertilgende ***Psittacosaurus (19)*** trug sonderbare Borsten am Hinterende, womöglich »Protofedern«, simple Vorformen. ***Eoconfuciusornis (20), Zhouornis (21)*** und ***Microraptor (22)*** besaßen dagegen schon aerodynamische Flugfedern, Letzterer sogar an den Beinen.

Der rund 1,6 Meter lange ***Zhenyuanlong (23)*** steht für ein Zwischenstadium: Fliegen konnte er nicht, aber seine Schwingen halfen ihm vermutlich dabei, steile Hindernisse zu überwinden.

150 Millionen Jahre vor heute: Der nur entfernt mit den Vogelahnen verwandte ***Kulindadromeus (24)*** blieb am Boden, wie auch der taubengroße ***Epidexipteryx (25).*** Auch ***Anchiornis (26)*** und ***Xiaotingia (27)*** konnten wahrscheinlich nicht fliegen, aber waren schon mit aerodynamisch geformten Federn gerüstet. ***Archaeopteryx (28)*** dagegen flatterte nach Ansicht vieler Forscher bereits durch die Luft. Daraus würde sich ergeben: Bereits vor ihm müssen Vogelahnen wesentliche Innovationen hervorgebracht haben.

Wann genau, liegt im Dunkel der Zeit.

Zuweilen genügen ein paar winzige Manipulationen. Die Evolution kann schnell und effizient sein.

Auch für das Aero-Gesäß der Vogelpioniere haben vermutlich wenige Umdrehungen der genetischen Stellschrauben ausgereicht. Der Bürzel hätte sich demnach im Nu durchgesetzt und wäre daher eine entscheidende Erfindung gewesen. Das könnte auch bedeuten: An der Schwelle zur Flugfähigkeit kamen auch andere wichtige Neuerungen auf der Überholspur zur Einsatzreife.

Doch wie starteten die Dinovögel ihre ersten Flugversuche? Und warum?

Einen Hinweis geben Experimente mit jungen Steinhühnern, gerade mal ein paar Tage alt. Sie gelten als Kronzeugen der Evolution, stimmen in vielen Details exakt mit ihren Vorfahren überein. Wie bei den Vorfahren auch ist das Skelett der kleinen Steinhühner recht flexibel. Es hält den Belastungen des Fluges nicht stand. Ihre Flügel sind zu stummelig für Höchstleistungen, ihre Federn von einfacher Form.

DAMIT ÄHNELN DIE KÜKEN zum Beispiel *Anchiornis huxleyi*, einem Dino mit Irokesenfrisur und ähnlich primitiven Schwungfedern an den Armen (siehe Illustration auf der vorangehenden Doppelseite).

Bringt man die Hühnchen etwa dazu, eine steile Rampe emporzurennen, zeigt sich: Auf dem Weg nach oben schlagen die Tiere mit ihren Winzschwingen. Jeden Tag ein wenig kräftiger. Je älter und kraftvoller sie werden, desto steiler kann der Laufsteg sein. Die rudimentären Schwingen erzeugen so viel Auftrieb, dass die Beine weniger Last stemmen müssen. Obwohl ihre Federn noch nicht jene asymmetrische Form aufweisen, die erwachsenen Vögeln den Aufstieg in die Luft ermöglicht.

WORAUS SICH SCHLUSSFOLGERN lässt: Mit ihren bescheidenen Flügeln gelang es den Vogelahnen nicht gleich, in den Himmel durchzustarten. Sie verbesserten damit zunächst nur ihre Beinarbeit. Wer vor den Fängen eines Jägers zu Fuß auf Hügel oder ins Astwerk flüchten konnte, war im Vorteil.

Die Urschwingen halfen aber möglicherweise nicht nur auf dem Festland aus der Bedrängnis. Aus Untersuchungen von jungen, noch fluguntüchtigen Stockenten weiß man, dass die ihre Stummelflügel bei einer Flucht quer über einen Teich sogar wie Paddel benutzen, um nicht nur auf den Schub der Beinflossen angewiesen zu sein.

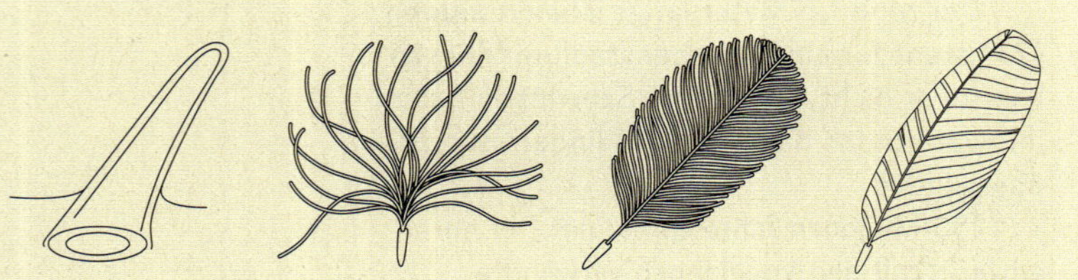

Erfindung einer Leichtigkeit

Die Urfeder bestand aus einem länglichen Hohlkörper: einem ***Röhrenfaden (1).*** Daraus formten sich ***Büschel (2).*** Im Laufe der Zeit entwickelte sich ein Schaft, von dem ***Äste (3)*** abzweigten. Später verzahnten Haken die Ästchen untereinander, verliehen dem Gebilde Festigkeit. Schließlich nahm die Feder eine ***asymmetrische, flugtaugliche Form an (4).*** Seither rotieren die Konstrukte beim Aufschlag des Flügels und lassen Luft passieren – beim Abschlag klappen sie zurück, schließen sich zu einer Fläche.

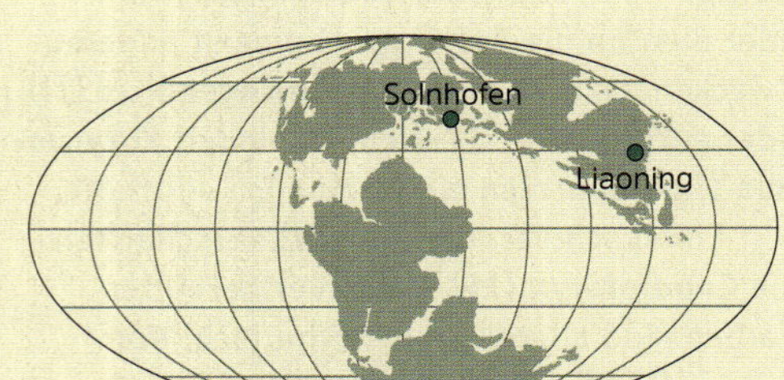

Flug-Hotspots

Vor 150 Millionen Jahren und hauptsächlich in zwei Regionen tauchten erste Eroberer der Lüfte auf: *Archaeopteryx* dort, wo heute ***Bayern*** liegt (etwa in ***Solnhofen),*** in ***China (Liaoning)*** eine Fülle anderer Prototypen. Während sich die Kontinente der heutigen Position annäherten, breiteten sich die modernen Vögel weltweit aus.

CONCAVENATOR

Länge: um 6 Meter
Auftreten: vor 130 bis 126 Mio. Jahren
Fundort: Europa
flugtauglich: nein

An Armen und auf Höckern trägt der farbenfrohe *Concavenator* lange Federn. Womöglich machte er bei der Balz damit auf sich aufmerksam

XIAOTINGIA

Länge: um 60 Zentimeter
Auftreten: vor 160 Mio. Jahren
Fundort: China
flugtauglich: nein

Obwohl er auf den ersten Blick *Archaeopteryx* und anderen Vorreitern des Fluges ähnelt, konnte *Xiaotingia* wahrscheinlich nicht abheben und war mit seinen langen Beinen wohl eher ein flinker Läufer, der am Boden Jagd auf Insekten oder kleine Reptilien machte

ARCHAEOPTERYX

Länge: bis 50 Zentimeter
Gewicht: um 1 Kilogramm
Auftreten: vor 152 bis 145 Mio. Jahren
Fundort: Süddeutschland
flugtauglich: möglich

Obwohl er mit Fingerkrallen und langem Schwanz ausgestattet war, gilt *Archaeopteryx* manchen Forschern als der Flugpionier. Denn womöglich war er der erste Dino, der aus eigener Kraft abheben konnte. Die asymmetrischen Schwungfedern an seinen Schwingen sind von denen heutiger Vögel kaum zu unterscheiden

CONFUCIUSORNIS

Länge: um 30 Zentimeterr
Auftreten: vor 125 bis 110 Mio. Jahren
Fundort: China
flugtauglich: ja

Confuciusornis besaß perfekte Schwingen und verwachsene Schwanzknochen, fast wie ein moderner Vogel. Seine großen Finger- und Fußkrallen weisen womöglich daraufhin, dass er besser klettern als fliegen konnte. Spätestens zu seiner Zeit ab 125 Millionen Jahren vor heute begann jedoch eine neue Epoche – die Ära jener Dinosaurier, die sich anatomisch immer mehr den heutigen Vögeln annäherten

Die Pioniere des Fluges überwanden immer schroffere Hindernisse

ANCHIORNIS

Länge: um 40 Zentimeter
Gewicht: 0,25 Kilogramm
Auftreten: vor 163 bis 157 Mio. Jahren
Fundort: China
flugtauglich: nein

Mit seinen kurzen Flügeln stieg *Anchiornis* vermutlich nicht in den Himmel auf, wohl aber verschafften sie ihm so viel Auftrieb, dass er etwa einen schräg stehenden Baumstamm schnell emporrennen konnte. Ein unschlagbarer Vorteil bei der Flucht vor einem Räuber

Für Forschende markiert das Zusammenspiel von Armen und Beinen daher vor allem den Auftakt zu einem neuen Zeitalter: dem der akrobatischen Laufmanöver. Die Wegbereiter des Fluges bezwangen immer schroffere Hindernisse. Stürzten sie ab, halfen die Schwingen bei der Schadensbegrenzung. Damit feierten die Dinosaurier einen ersten Sieg über die Schwerkraft.

DER TAUBENGROSSE *ANCHIORNIS HUXLEYI* mit dem Irokesenschnitt war dabei nur einer von vielen. Und viele sahen aus, als wollten sie am Straßenkarneval teilnehmen. Kreaturen mit großen, eleganten Schwingen tauchten auf. Andere trugen zusätzlich gefiederte Hosen. Bald flatterten die leichtgewichtigen Desperados wohl ungelenk von einem Ast zum nächsten oder versuchten sich an kontrollierten Gleitflügen. Es war eine stürmische Zeit der Mutproben, deren genaue Chronologie unbekannt ist.

Aber irgendwann in diesen Revoluzzerjahren hatte ein legendäres Tier seinen Auftritt, so viel ist sicher: *Archaeopteryx*, ein mindestens 150 Millionen Jahre alter Superlativ, als Fossil so berühmt, kostbar und rätselhaft wie das keines anderen Flugpioniers. Der erste Vogel der Geschichte, der sogar schon fliegen konnte, zumindest einigermaßen.

Er ist irritierend klein. Die Maße einer Elster besitzt er, und seine Knochen scheinen so dezent wie die Federstriche einer Kalligrafie.

Wahrscheinlich ist kein anderes Fossil häufiger untersucht worden als das von *Archaeopteryx*. Es gibt vermutlich nur elf oder zwölf Exemplare weltweit und vielleicht 30 Expertinnen und Experten, die sich fast ausschließlich mit dessen Analyse beschäftigen. Sie vermessen die Gebeine, sägen – mit Sondergenehmigung – Winzigkeiten aus den Knochen, fotografieren die Überreste unter UV-Licht, rekonstruieren die Pigmente seines Federkleids. Neben Ikonen wie „Lucy“ oder „Ötzi“ gehört *Archaeopteryx* zu den Superstars der Forschungsgeschichte.

Schon die Entdeckung vor mehr als 150 Jahren in der Nähe des mittelfränkischen Solnhofen war eine Sensation. Durch sie fand sich Charles Darwin in seiner Theorie bestätigt. Denn zum ersten Mal trat mit ihm ein Tier zutage, das wie aus unterschiedlichsten Kreaturen zusammengefügt scheint. *Archaeopteryx* war ein Musterbeispiel für die Experimentierfreude der Natur. Denn er zeigte: Evolution ist Realität.

MIT SEINEN ZÄHNEN, Krallen und langen Beinen könnte man ihn zwar für einen schnellen Raubdinosaurier halten, der am Boden herumrannte. Doch sein Echsenschwanz war bereits kürzer als bei den Ahnen. Seine Arme wiesen eine ganz erstaunlich große Spannweite auf. Und er besaß ein prächtiges Gefieder mit hochmodernen, asymmetrischen Schwungfedern.

Archaeopteryx, griechisch für die „uralte Schwinge“, ist nicht der unmittelbare Großvater oder die Großmutter allen Federviehs. Aber wie kein anderer bekannter „Urvogel“ steht er für die Zeit des Wandels.

Wer sein Bewegungsrepertoire dechiffriert, kann den Übergang zum Vogel besser denn je verstehen.

Generationen von Forschenden haben versucht herauszufinden, ob und wie gut er flog. Es gibt zahlreiche Ideen. Und inzwischen eine schlüssige Antwort. Er konnte wohl flattern wie ein heutiger Fasan. Was ein Team bei der Durchleuchtung eines Fossils an der „European Synchrotron Radiation Facility", einem Teilchenbeschleuniger im französischen Grenoble, herausfand. Womöglich überquerte der Pionier gar das Wasser zwischen den Inseln des tropischen Archipels, in dem seine Sippschaft lebte.

KLAR IST AUCH: *ARCHAEOPTERYX* verkörpert das bisher älteste Mixed-Wesen, das die Welten der herkömmlichen Dinosaurier und der neuen Vögel in sich vereint. Und seine Nachfolger, so viel steht ebenfalls fest, veränderten sich auf spektakuläre Weise weiter. Zum Beispiel verschmolzen oder verschwanden die Handknochen. Wo der Daumen war, kamen kleine Federn zum Vorschein, die Bremsmanöver in der Luft erleichterten. Ein großes Brustbein bildete sich aus, an dem immer mächtigere Flugmuskeln andockten. Dank hypermobiler Schultergelenke verbesserte sich die Beweglichkeit der Flügel.

Und weder die immer wieder auftretenden Eskapaden des Erdklimas noch die lästige Konkurrenz der Säugetiere, die sich überall breitmachten – nichts konnte die Vogelkarriere verhindern. Und schon gar nicht der Meteorit, der T-Rex und allen anderen Dinosauriern ohne Flugschein vor 66 Millionen Jahren den Stecker zog.

Viele Vögel waren inzwischen klein, smart und außerordentlich agil. Zwar erwischte es einige von ihnen damals ebenfalls. Aber 15 Millionen Jahre nach dem Einschlag des großen Brockens stiegen die Überlebenden zu einer globalen Macht auf.

Und noch immer gibt es unfassbar viele von ihnen. Sie stellen neben den Reptilien mit nahezu 11 000 Arten die größten Gemeinschaften unter den Landwirbeltieren.

Vögel zählen zu jenen wilden Geschöpfen, die der Stadtbewohner für gewöhnlich am häufigsten zu Gesicht bekommt. Vielleicht sind sie dem Menschen deshalb so nah. Oder weil die Eroberung des Himmels mittels der eigenen Körperkraft eine uralte Utopie von *Homo sapiens* ist.

Womöglich aber finden wir sie auch allein deshalb so anziehend, weil ihre Existenz beweist: Die Dinosaurier sind nie verschwunden.

Sie sind unter uns. ■

Der lange Weg himmelwärts

Die ***Urahnen der Vögel (A)*** liefen auf zwei Beinen, waren jedoch relativ klein und besaßen hohle, leichte Knochen. Nachfolger wie ***Archaeopteryx (B)*** übernahmen die Anatomie, erhöhten aber die Beweglichkeit der Arme, verkleinerten ihr Becken. Bei ***heutigen Vögeln (C)*** haben sich nicht nur die Armknochen verwachsen, auch die Wirbelsäule ist versteift, was den Flug stabilisiert. Der Schwanz ist zum Pygostyl verkürzt – das erhöht die Manövrierfähigkeit.

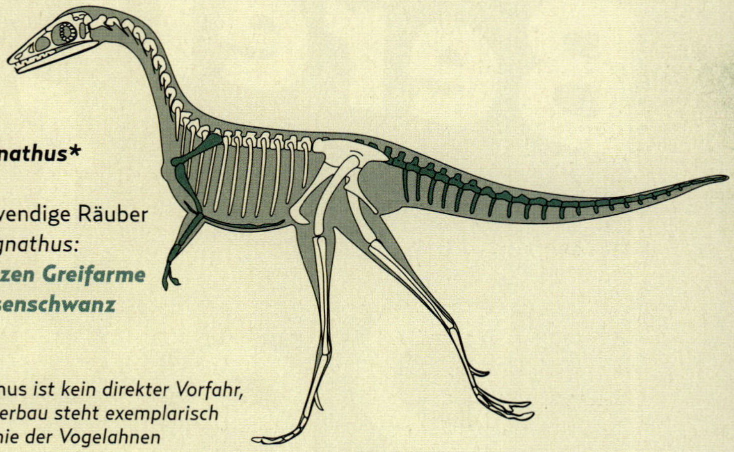

A Compsognathus*

Typisch für wendige Räuber wie *Compsognathus:* die recht ***kurzen Greifarme*** und der ***Echsenschwanz***

**Compsognathus ist kein direkter Vorfahr, aber sein Körperbau steht exemplarisch für die Anatomie der Vogelahnen*

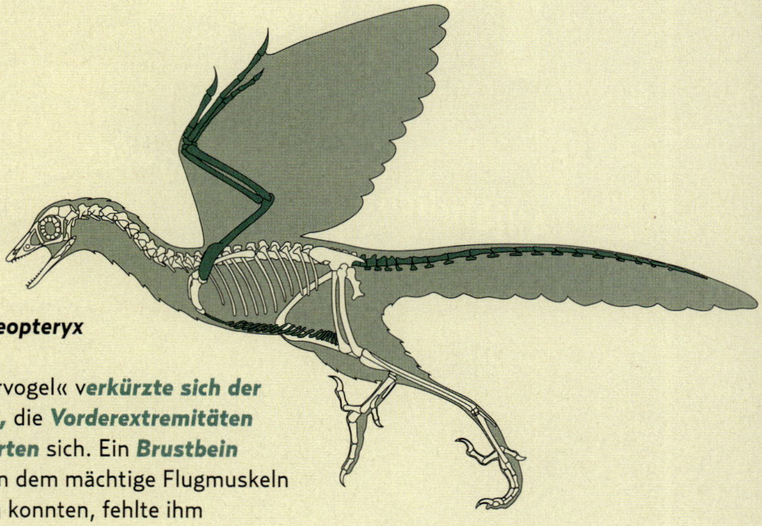

B Archaeopteryx

Beim »Urvogel« ***verkürzte sich der Schwanz,*** die ***Vorderextremitäten verlängerten*** sich. Ein ***Brustbein*** jedoch, an dem mächtige Flugmuskeln andocken konnten, fehlte ihm

C Huhn

Hühner besitzen ***verschweißte Handknochen, ultrakurze Schwänze*** und enorm ***vergrößerte Brustbeine***

Bereit für die Reise

Alljährlich ergreift Zugvögel **eine große innere Unruhe:** Sie
WEITEN FLUG und vollbringen

Text: Marlene Göring

brechen auf zu **EINEM TAUSENDE KILOMETER**
dabei wahrlich spektakuläre Leistungen

GEMEINSAMER AUFBRUCH
Das Schnattern aus Tausenden Schnäbeln erfüllt die Luft, wenn sich Schneegänse auf ihrer weiten Reise ins südliche Winterquartier versammeln

Der Herbst ist eine Zeit des Abschieds. Schafgarbe und Mohn verblühen, Blätter trudeln von den Bäumen – und Drossel, Storch sowie all die anderen gefiederten Sommergäste machen sich zum Abflug bereit. Während die Natur zur Ruhe kommt, herrscht bei den Vögeln gerade jetzt geschäftiges Treiben: Ihr großer Zug beginnt.

Überall lassen sich nun mächtige Trupps beobachten: Graureiher üben Formationen und zeichnen in der Gruppe ein V in den Himmel. Schwalben sammeln sich für den gemeinsamen Flug. Wolken von Staren senken sich auf kahle Felder und Baumkronen. Große Brachvögel staksen aufgeregt übers Marschland und stochern mit ihren krummen Schnäbeln nach Würmern und Schnecken: die letzte Mahlzeit vor der Abreise.

Aus der Mitte dieser Horden klingt ein Trillern und Jubilieren, das zuweilen zu betäubendem Lärm anschwillt. Und dann erheben sich die Tiere plötzlich in die Luft – und brechen auf in den wärmeren Süden. Die Vögel flüchten aber weniger vor der Kälte als vor dem Hunger: Fern ihrer Sommerheimat finden sie auch im Winter genug Insekten und Pflanzen. Gut die Hälfte aller in Deutschland nistenden Flieger zieht es deshalb im Herbst fort (die anderen Vögel, etwa Blaumeisen und Spatzen, bleiben vor Ort, müssen aber ihre Kost umstellen: von Würmern und Schnecken auf Samen, Körner).

Wann die richtige Zeit für den Abflug gekommen ist, verrät den Zugvögeln ein innerer Kalender. Er ist maßgeblich genetisch festgelegt und wird offenbar durch die wechselnde Tageslänge und Temperaturen im Jahresverlauf beeinflusst. Dann erfasst die Vögel ein Urinstinkt, die „Zugunruhe“: Sie werden geselliger, hüpfen plötzlich in Schwärmen herum, manchmal sogar verschiedene Vogelarten gemeinsam – sie treten die Reise in gemischten Teams an. Die Hormone versetzen sie derart in Aufregung, dass manche Arten nachts keinen Schlaf mehr finden.

Dieser Ausnahmezustand befällt alle Zugvögel, auch wenn sie nicht im Schwarm losfliegen. Denn manche machen sich ganz allein auf die Reise, beispielsweise die Nachtigall. Der schnelle Flügelschlag trägt den kleinen Vogel über die Alpen, das Mittelmeer und die Sahara.

Andere Arten dagegen schrauben sich nach oben in die Luft und gleiten dann lange Strecken. So wie die Wespenbussarde: Ihre langen, waagerecht ausgestreckten Flügel fangen warme Aufwinde perfekt ein. Die wehen allerdings über

Mit Langstrecken-Kompass

Vögel, die während des Tages ziehen, nutzen zur Orientierung den Stand der Sonne, Landmarken wie Berge und Flüsse oder auch Gerüche. Die meisten Zugvögel reisen jedoch in der Nacht. Sie beobachten teils Mond und Sterne. Manche haben auch Sensoren in den Augen, die das Magnetfeld wahrnehmen können. Das Licht der Städte kann Nachtflieger verwirren.

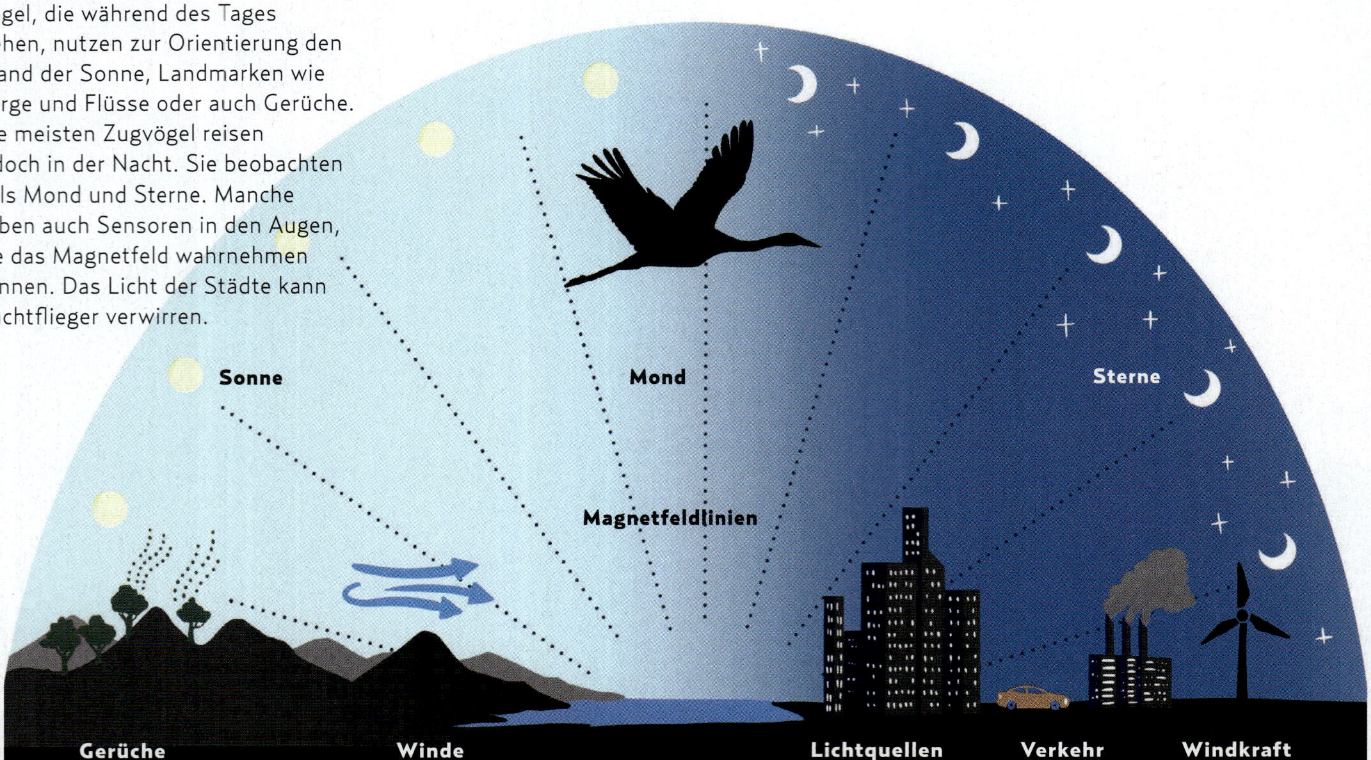

Die Vögel flüchten weniger vor der Kälte als vor dem **DROHENDEN HUNGERTOD**

Kraftfutter
Ein Kranich vertilgt täglich 300 Gramm Körner, um genügend Energie für die Reise zu haben

Meisterflieger

Wann und wie lange Vögel unterwegs sind, variiert stark. Lange Strecken fordern Navigationstalent und außergewöhnliche Energiereserven. Der Vogelzug, hier abgebildet für die östliche Hemisphäre, ist maßgeblich genetisch festgelegt und wird beeinflusst von Tageslänge, aber auch Temperatur und Nahrungsressourcen – Faktoren, die vom Klimawandel gesteuert werden

Seevögel

Einige Arten, darunter die meisten Seeschwalben und Möwen, bevorzugen flache Binnen- und Küstengewässer. Nur wenige queren Ozeane. Die Trauerseeschwalbe legt auf ihrem Zug große Distanzen zurück, bleibt dabei aber lieber in Küstennähe

Trauerseeschwalbe
Chlidonias niger
Spannweite: bis 62 cm
Brut: Eurasien, Nordamerika
Winter: Westafrika, Nord- und Südamerika

Amurfalke
Falco amurensis
Spannweite: bis 71 cm
Brut: südöstliches Sibirien, nordöstliches China, Nordkorea
Winter: südliches Afrika

Wespenbussard
Pernis apivorus
Spannweite: 144 cm
Brut: Europa, nordwestliches Asien
Winter: Subsahara-Afrika

Greifvögel

Große Vögel wie Adler und Bussarde können Energie sparen, indem sie sich von der thermischen Strömung tragen lassen. Ihre kleinen Cousins wie Falken können größere Strecken über Wasser überwinden, weil sie häufiger mit den Flügeln schlagen

Küsten- und Watvögel

Viele dieser Vögel bringen die jährliche Migration in wenigen Langstrecken-Etappen hinter sich. Doch viele Populationen sind in den letzten Jahrzehnten durch Jagd und Habitatverlust geschrumpft

Weißstorch
Ciconia ciconia
Spannweite: bis 220 cm
Brut: Europa, Nordafrika, Zentralasien
Winter: Südeuropa, Subsahara-Afrika, Iran bis Indien

Pfuhlschnepfe
Limosa lapponica
Spannweite: bis 68 cm
Brut: Arktisches Russland, Alaska
Winter: Westeuropa, Afrika, Naher Osten, Südasien, Australasien

Singschwan
Cygnus cygnus
Spannweite: bis 200 cm
Brut: Subpolares Eurasien
Winter: Mittel-, Süd- und Osteuropa, Vorderasien, Ostasien

Spießente
Anas acuta
Spannweite: bis 90 cm
Brut: Norden Amerikas und Eurasiens, arktische Tundra
Winter: USA bis Panama, Mitteleuropa bis Afrika und Südasien

Rauchschwalbe
Hirundo rustica
Spannweite: bis 34,5 cm
Brut: Eurasien, Nordafrika, Nordamerika
Winter: West- und Südafrika, Südasien, tropisches Amerika

Steinschmätzer
Oenanthe oenanthe
Spannweite: bis 32 cm
Brut: Eurasien, Alaska, Kanada, Grönland
Winter: Subsahara-Afrika

Wasservögel

Anders als die meisten Vögel verlieren Wasservögel während der Mauser ihre Federn so schnell, dass sie komplett flugunfähig werden. Auf ihrem Flug suchen sie sich deshalb oft sichere Zwischenstationen

Meister der Navigation

Schon bald werden die jungen Störche ihre Eltern nach Afrika begleiten (o.). Kraniche rasten in einem Gewässer in der Schorfheide

> **Wie an einer Autobahn liegen FESTE RASTPLÄTZE an den Flugrouten der Zugvögel**

dem Meer oft nicht stark genug, also meiden sie möglichst den allzu langen Seeweg. Stattdessen wählen die Greifvögel eine Route weiter östlich, etwa über den Bosporus, Israel und den Sinai – oder sie verlassen Europa über die Straße von Gibraltar.

Viele Zugvogelarten schaffen die Distanz nicht in einer Tour. Wie an einer Autobahn liegen daher feste Rastplätze auf den Flugrouten: Kraniche aus Skandinavien machen zum Beispiel jedes Jahr am Diepholzer Moor in Niedersachsen und an den Linumer Fischteichen in Brandenburg Station. Dort stärken sie sich für die Weiterreise – wie sie es von ihren Artgenossen gelernt haben.

Andere Arten überwinden gigantische Strecken, ganze Ozeane und Kontinente ohne Pause. Weltrekordhalter ist eine Pfuhlschnepfe; sie schaffte es 2022 von Alaska nach Tasmanien in elf Tagen: 13 560 Kilometer, ohne ein einziges Mal den Erdboden zu berühren.

Zugvögel sind an dieses Nomadendasein perfekt angepasst: Sie schlüpfen früher als die heimatverbundenen Arten und entwickeln schneller ihr Erwachsenengefieder. Außerdem ist ihre Brustmuskulatur deutlich größer und lässt sie besonders kräftig mit den Flügeln schlagen. Auch setzen sie besser Fett an, das sie auf der großen Reise als Vorrat brauchen. Der winzige, gelb-grüne Fitis beispielsweise wiegt nur ungefähr neun Gramm – frisst sich über den Sommer aber noch einmal ebenso viel auf den Bauch.

Die Routen sind den Vögeln zum Teil in die Gene geschrieben: Der Kuckuck etwa fliegt ganz allein den angestammten Weg seiner Vorfahren nach Zentralafrika – obwohl er ja nicht von Artgenossen, sondern von Zaunkönigen, Drosselrohrsängern oder Mönchsgrasmücken aufgezogen wird.

Viele Vögel ziehen in der Nacht, wenn es kühler ist als am Tag. Meist steigen sie in eine Höhe von weniger als 1000 Metern auf, einzelne Arten wie Schwäne wurden auch schon in mehr als 8000 Höhenmetern beobachtet.

Wie genau sich Zugvögel auf ihrer Reise orientieren, ist bis heute nicht vollständig erforscht. Aber sie nutzen sicherlich gleich mehrere Hilfsmittel. So beobachten sie zum einen die Sonne und die Sterne. Zudem nehmen sie das Erdmagnetfeld wahr und sehen das Muster, in dem sich das Sonnenlicht in der Atmosphäre bricht. All das hilft ihnen, ihre Position zu bestimmen und die passende Richtung zu finden.

Ist der Himmel bedeckt, orientieren sie sich außerdem an Landmarken wie Flüssen, Gebirgen und Städten. Dabei lernen sie aus Erfahrung: Wer den Zug schon mal mit älteren Weltenbummlern gemacht hat, den verschlägt es seltener auf Umwege als einen Erstflieger.

Und weshalb bleiben die Wanderer dann nicht gleich ganz in der südlichen Winterresidenz? Der Grund: Im Norden sind in der Sommerzeit die Tage herrlich lang, und in kurzer Zeit gibt es unglaublich viele Insekten als Nahrung – ideal, um den Nachwuchs großzuziehen.

Die lange Reise erleichtert den Zugvögeln also das Überleben; aber sie ist auch gefährlich. Jedes Jahr werden Millionen von ihnen beim Durchzug über Italien, Zypern oder Ägypten gefangen und enden als Delikatesse auf Tellern beziehungsweise als Dekoration in Käfigen. Auch Flugzeuge, Windkraftanlagen oder Strommasten werden manchem Langstreckenflieger zum Verhängnis.

Und wer es bis zum Ziel schafft, stößt bei der Ankunft immer häufiger auf zerstörte Lebensräume: Aus Steppen und Savannen sind in den südlichen Ländern inzwischen oft Äcker geworden; oder das Wetter ist mittlerweile so trocken und heiß, dass die Vögel kein Auskommen mehr finden.

Stärkere Landnutzung durch den Menschen und der Klimawandel haben den Vogelzug schon jetzt durcheinandergebracht. Experten vermuten, dass deshalb in Zukunft immer weniger heimische Vögel die Strapazen eines weiten Zugs auf sich nehmen werden.

Die Amsel zum Beispiel flog früher winters ans Mittelmeer. Heute entscheiden die Tiere spontan, ob die Kälte im Norden zu groß wird – und sie sich noch spät im Jahr auf den Weg in den Süden machen. Vor allem Zugvögel, die normalerweise besonders lange Strecken auf sich nehmen, leiden unter den Veränderungen und suchen nun nach neuen Strategien, über den Winter zu kommen.

Weißstörche etwa mühen sich zum Teil jetzt schon nicht mehr mit dem langen Flug nach Afrika: Lieber überwintern sie in Spanien auf Müllkippen, wo sie reichlich Futter finden. Und einige ihrer Artgenossen bleiben sogar das ganze Jahr über in Deutschland. ■

Licht aus!

Die Lichtverschmutzung nimmt jährlich global um mindestens zwei Prozent zu und wird immer mehr zur Bedrohung für die Vogelwelt. Allein in Deutschland fallen jedes Jahr bereits mehr als fünf Prozent aller hier lebenden Vögel Gebäudefassaden zum Opfer – das sind über 100 Millionen Tiere. Oftmals vom Flugweg abgebracht und desorientiert aufgrund von exponierten Lichtquellen. Eine Fallstudie am 163 Meter hohen Post Tower in Bonn etwa hat gezeigt, dass auffällige Fassadenbeleuchtungen, angestrahlte Firmenlogos oder auch schon Notfallbeleuchtungen in Treppenhäusern Tausende von Vögeln das Leben kosten können. Die UN-Konvention zum Schutz wandernder Tierarten (CMS) will daher im Oktober 2023 neue Richtlinien verabschieden, um die Lichtverschmutzung zu vermindern. Verifikationsredakteur ***Götz Froeschke*** baut schon jetzt die Gartenbeleuchtung ab.

Der Artikel »Bereit für die Reise« wurde vom GEO-eigenen Quality Board einem Faktencheck unterzogen

Balzendes Blaukehlchen

7.7.23 sehr gut.

Text: **Ute Eberle**

Was Meise und Fink so zwitschern

Wenn es wärmer wird, ist er wieder da, erst zaghaft, dann vielstimmig: der Chor der Vögel. Sie pfeifen, trällern, tirilieren. *Doch wie eigentlich? Und warum?*

SINGDROSSEL

Selbstsicher erscheint sie manchem, wenn sie abwechslungsreich schmettert

sehr gut! O.K.

»dwuih« »brschüü«

HAUBENLERCHE

Im Singflug klingt ihr variabler Gesang fröhlich und weniger wehmütig

Mehr als 300 Verben kennt das Deutsche für das Singen von Lerche und Co.

Auch Vögel rufen in verschiedenen Dialekten

Das Konzert beginnt, noch ehe die Sonne aufgeht: Ein erster Vogel flattert von seinem geschützten Schlafplatz auf einen hohen Ast oder einen Dachgiebel und fängt zu singen an. Ein zweiter folgt, ein dritter, und bald scheint es, als vereinten sich sämtliche Vögel der Nachbarschaft zu einem lauten und ungeordneten Chor.

Das morgendliche Pfeifen und Trillern, Zwitschern und Krähen ist jedoch nicht etwa Ausdruck purer Lebensfreude, es hat eine wichtige Funktion: Vögel singen nach dem Aufstehen, um ihre Nachbarn daran zu erinnern, dass es sie noch gibt und dass sie die Nacht gut überstanden haben. Der Morgenchor stellt dabei nur den Auftakt dar. Singen ist für Vögel eine Ganztagsbeschäftigung, harte Arbeit – und wichtiges Instrument im Überlebenskampf.

So liefern sich etwa die männlichen Akazienzaunkönige häufig regelrechte Kampfgesänge. Will einer der kleinen Vögel sein Revier vergrößern, beispielsweise weil ein ausgeguckter Nistplatz zu nahe an der Grenze zum Territorium des nächsten Zaunkönigs liegt, pfeift er oft Lieder aus dem Repertoire des entsprechenden Nachbarn, um ihn zu provozieren, zu verspotten, zum Duell zu fordern.

Sieben Sekunden kann eine einzige Gesangsstrophe des Zaunkönigs dauern.

Erst dann beginnt er die Tonfolge von Neuem

»ziwisozüzüzü«

ZAUNKÖNIG

Ein lautes, hohes Zwitschern, das sich mehrere Male überschlägt und wie ein Schmettern wirkt

FELDSPERLING

So gesellig ist dieser Vogel in jedem Alter, dass manchen sein Gesang als »Geschwätz« gilt

WASSERAMSEL

Eine langsam vorgetragene, etwas unterdrückte Folge rau quietschender und gepresster Töne (hier ein Jungvogel)

KOLKRABE

Sein Ruf ist wenig melodisch. Und doch zählt auch er zu den Singvögeln

ELSTER

Sie kann lernen, menschliche Wörter nachzuahmen

Rund 5000 Arten gehören zu den Singvögeln.

Nicht alle setzen zur gleichen Zeit ein. Jeder hat seinen Auftritt

Dieser tut es ihm gleich oder geht zum akustischen Angriff über, indem er die exakt gleichen Lieder möglichst laut zurücksingt, den Rivalen sogar unterbricht und die Melodie für ihn beendet.

Manchmal singen die Vögel stunden- oder sogar tagelang gegeneinander an. Und versuchen damit, ihre Kräfte zu messen, herauszufinden, wie wichtig die paar Meter Territorium dem anderen Zaunkönig wirklich sind. Gibt keiner der beiden nach, endet das Singduell schließlich damit, dass sich die Vögel in Sturzflügen und mit Schnabelhieben attackieren.

Ein Akazienzaunkönig kann aber sängerisch auch den Rückzug einleiten. Dazu entschärft er die Situation, indem er als Botschaft an seinen Gegner ein Lied pfeift, das dieser nicht in seinem Repertoire hat. Für den anderen ist das Signal klar: Lass uns den Kampf beenden!

Auch abseits von Revierstreitigkeiten ist Singen das wichtigste Kommunikationsmittel der Vögel. Unter anderem verrät das, was die Männchen singen und wie sie es tun, den Weibchen, wie gesund sie sind und wie erfahren und erfolgreich im Überlebenskampf. Wie gut ein Vogel singt, spielt eine entscheidende Rolle dafür, ob er sich fortpflanzen und seine Gene weitergeben kann.

Deshalb ertönt der Zwitscherchor am vielfältigsten und lautesten, wenn im Frühjahr die Balzsaison beginnt. Das gilt sowohl für Vögel, die hierzulande überwintern, als auch für die zurückgekehrten Zugvögel. Wie bei Teenagern, die vor der Disco den Motor ihres Autos aufheulen lassen, sind bei Vögeln Hormone für einen guten Teil des Spektakels verantwortlich.

Bei den meisten Arten singen nur die Männchen, durch deren Körper in den ersten hellen und warmen Monaten des Jahres besonders viel Testosteron zirkuliert. Angestachelt von dem Hormon, trillern sie so ausgiebig und kreativ wie sonst das ganze Jahr nicht, und das spiegelt sich auch in ihren kleinen Gehirnen wider.

Forschende haben herausgefunden: Bestimmte Regionen in den Oberstübchen der Männchen, die das Singen steuern, nehmen im Frühjahr deutlich an Masse zu. Flaut die Hormonproduktion und damit das Singen im Verlauf des Sommers dann wieder ab, schrumpfen diese „Liedschaltkreise“.

Die melodischen Töne entstehen tief in der Kehle der Vögel, kurz oberhalb der Lunge. Dort, wo sich die Luftröhre in die zwei Hauptbronchien gabelt, sitzen Membranen, die im Strom des Atems schwingen und die das Tier durch Muskeln manipulieren kann.

Die Singvögel – von denen es rund 5000 Arten gibt – besitzen einen besonders komplex gebauten Apparat aus Muskeln, dank derer sie die Membranen verschieden fest anspannen können. So entstehen Schallwellen unterschiedlicher Frequenzen – der Vogelgesang.

Bei vielen Vögeln liegt dort, wo sich die **Luftröhre (1)** (Trachea) in die Bronchienäste teilt, der **Stimmkopf (2)** (Syrinx). Mit Muskeln und Membranen wird hier die Luft moduliert, die aus **Luftsäcken (3)** und **Lunge (4)** strömt

Die Melodien sind derart komplex, dass sich Forschende technische Tricks einfallen lassen mussten, um sie gründlich studieren zu können. Mit einem Schallschreiber verwandeln sie Tonaufnahmen in Bilder, die Frequenzen, Lautstärke sowie die Dauer der Klänge darstellen.

Dabei fällt den Wissenschaftlern immer wieder auf: Viele Vögel – etwa Meisen und Ammern – bauen Tempo- und Tonartwechsel in ihre Melodien ein. Zwar klingt der Gesang nicht immer melodisch. Der Kolkrabe etwa, der größte Singvogel überhaupt, knarrt in der Regel eher, als dass er singt. Doch selbst die virtuosesten Sänger werden nicht als solche geboren. Wie ein Kleinkind das Sprechen von den Eltern lernt, so muss ein Singvogel das Trällern von den Älteren ablauschen. Jede Art pflegt charakteristische Klangfolgen, die mancher Vogel immer wieder neu zu „Liedern“ kombiniert, den sogenannten „Strophen“.

Dabei kann es sich – wie bei dem in Australien heimischen Zebrafinken – um eine einzige Strophe handeln, die das Tier sein Leben lang wiederholt. Oder um ein Repertoire von gut fünf (Kohlmeisen) oder gar mehr als 2000 Strophen (Amerikanische Spottdrossel).

Die ersten Versuche der Jungvögel ähneln noch dem Brabbeln eines Kleinkindes. Erst mit viel Übung gelingt es ihnen nach und nach, ihre Muskeln so zu steuern, dass sie die Melodien fehlerfrei zwitschern können.

Ganz anders verläuft dies bei den sogenannten Signalrufen, mit denen sich Vögel etwa gegenseitig warnen oder als Jungtiere um Futter betteln. Diese vergleichsweise simplen Klänge sind angeboren und müssen nicht trainiert werden.

Manche Papageien und Singvögel – etwa Dohlen, Stare und Eichelhäher – behalten die Fähigkeit, sich neue Melodien einzuprägen, bis ins hohe Alter. Dabei lassen sie sich nicht nur von fremden Vögeln, sondern auch von menschengemachten Geräuschen inspirieren, sie ahmen zum Beispiel Glockenläuten oder Telefonklingeln nach. Und bauen so ihr Repertoire immer weiter aus.

Wie viele Strophen ein Vogelmännchen beherrscht, hängt vermutlich damit zusammen, wie wählerisch die Weibchen in der Evolution auf die Sangeskünste reagiert haben. Bei den Rohrsängern beispielsweise ist Vielfalt wichtig. Wer mit vielen Strophen aufwartet, erobert die besten Reviere, paart sich eher und bekommt mehr Nachkommen. Auch bei Arten mit kleinerem Repertoire fliegen die Weibchen bevorzugt zu jenen, die vielfältiger und klarer singen als ihre Rivalen.

Dabei fallen die Umworbenen keineswegs auf Prahlerei herein. Es ist nicht einfach, vielschichtige Tonfolgen zu trällern – für Weibchen bietet sich dadurch die Chance zu erkennen, wie vital ein Männchen ist.

Ein größeres Repertoire beziehungsweise ein besonders sauberer Vortrag geben zusätzlich Auskunft über den Kandidaten: Ich bin erfahren! Ein etwas älteres Männchen ist etwa geübter in Revierkämpfen und hat auch Erfahrung bei der Aufzucht der Jungen.

Gesang kann auch verraten, woher ein Vogel stammt. Denn so wie Menschen verschiedene Mundarten sprechen, zwitschern Singvögel auch in Dialekten. Der Regenruf des Buchfinken zum Beispiel – den der Vogel bei schlechtem Wetter ausstößt – erklingt in Osnabrück als „huit“, weiter östlich als „wrüd“ und im südlichen Schwarzwald als „tititüt“.

Auch die Goldammer pflegt lokale Mundarten. Studien haben gezeigt, dass Weibchen sich bevorzugt mit Männchen aus ihrer eigenen Dialektgruppe zusammentun.

Haben sich die Paare im Frühsommer dann gefunden, schwindet zumeist auch rasch die Sangeslust der Männchen. Und so wird es allmählich wieder ruhiger in den Wipfeln und Gärten. Bis zur nächsten Saison.

Soundanlage in der Hecke

Zehn Gramm schwer, aber ein Schmettern von bis zu 90 Dezibel, das man auf eine Distanz von 500 Metern hört – wie kann ein winziger Zaunkönig diese Lautstärke hervorbringen? Verifikationsredakteurin ***Regina Franke*** fand heraus: Wichtiger als die Körpergröße sind die Luftmenge und der Druck, mit dem die Luft durch den Stimmkopf (siehe Grafik oben) gepresst wird. Diesen hohen Druck bauen Vögel durch zusätzliche Luftsäcke auf, die sie beim Einatmen nach dem Prinzip eines Dudelsacks füllen und per Muskelkraft leer pumpen. So strömt eine große Menge Luft durch die geweitete Syrinx und erzeugt laute Töne. Zusatztrick: Ein Vogel kann gleichzeitig Luft zum Atmen in die Lunge saugen und ausdauernd singen. Im Falle des Zaunkönigs fast so laut wie ein Ghettoblaster.

Der Artikel »Was Meise und Fink so zwitschern« wurde vom Quality Board einem Faktencheck unterzogen

Mehr als 70 Melodien hat ein Forscher den Amseln abgelauscht.

Hormone sind für das Spektakel verantwortlich

SCHAFSTELZE

Wie alle Stelzen wippt sie auffällig mit dem Schwanz. Ihr Gesang klingt eher rau, fast kratzend

MIT HALM UND SCHNABEL
Webervögel wie der asiatische *Ploceus philippinus* sind Topdesigner. Ihre wasserdichten, hängenden Kreationen sind für Feinde schwer zugänglich

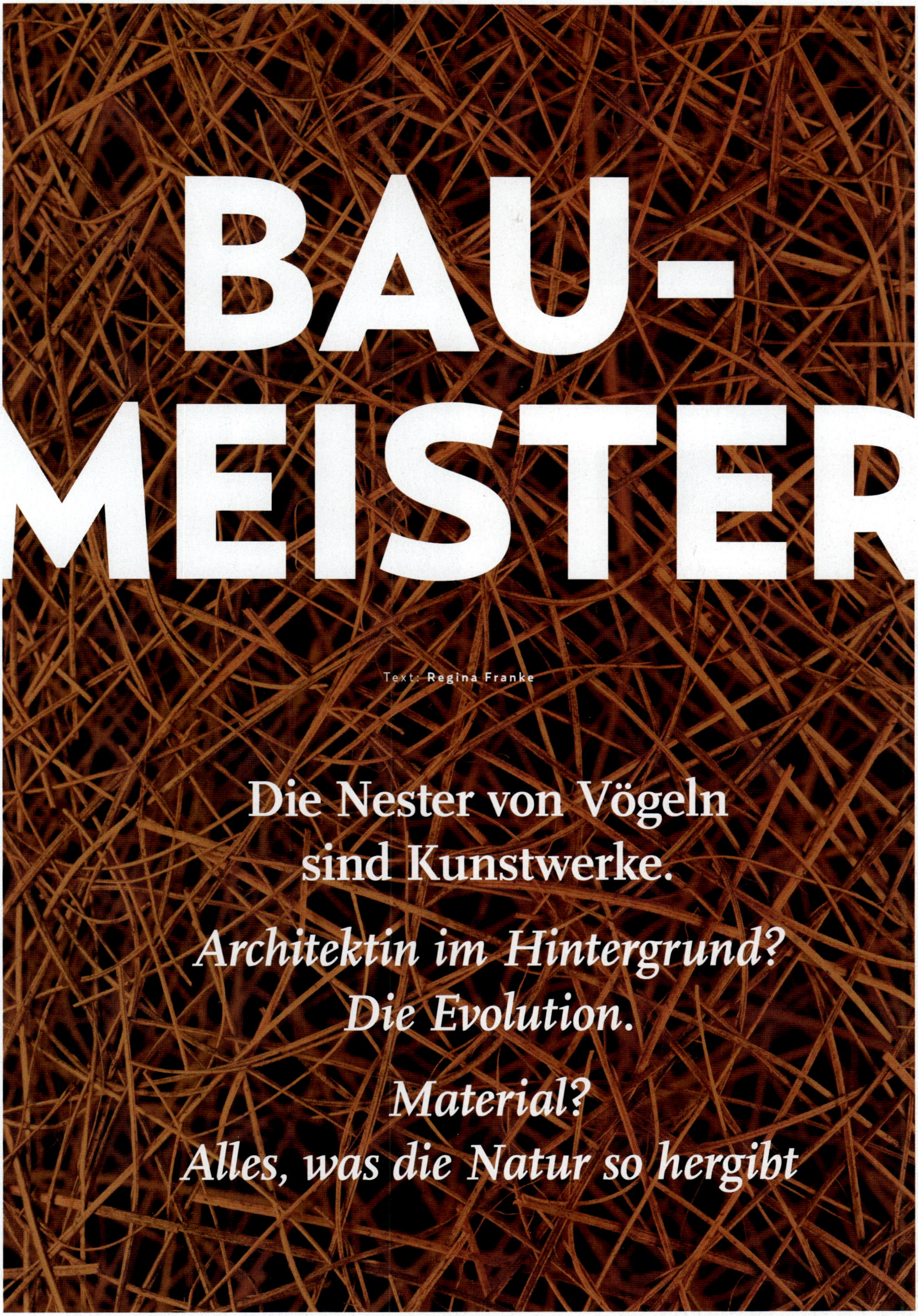

BAU-MEISTER

Text: **Regina Franke**

Die Nester von Vögeln sind Kunstwerke.

Architektin im Hintergrund? Die Evolution.

Material? Alles, was die Natur so hergibt

E

Egal ob Amsel, Rotkehlchen oder Bussard: Die meisten Vögel hierzulande sind viele Wochen im Jahr – meist im Frühling – mit dem Nestbau beschäftigt. Sie transportieren unentwegt Zweige oder Grashalme, Mulch, Moos oder Lehm zur Baustelle. Und dann flechten sie – oder mauern oder klopfen. Denn die Vielfalt der Nestkonstruktionen ist enorm.

So misst der in den Spitzen von Fichtenzweigen versteckte Bau des Sommergoldhähnchens, ein kunstvoll gewebtes Schälchen aus Moos und Flechten, nur wenige Zentimeter im Durchmesser. Der Haubentaucher dagegen fertigt im Ufergebüsch von Seen aus Ästchen, Schilfhalmen und Wasserpflanzen ein schwimmendes Nest, das sich nicht selten von seiner Verankerung löst und wie ein zerzaustes Floß dahintreibt. Der Bienenfresser klopft mit seinem Schnabel 1,50 Meter tiefe Röhren in Sandsteinwände. Der Kleiber mauert den Ausgang seiner mit Rindenstückchen gepolsterten Baumhöhle mit Lehm so weit zu, dass nur ein kleines Ein- und Ausflugsloch bleibt. Und der Schwarzstorch errichtet seinen eindrucksvollen Bau aus Zweigen und Ästen bevorzugt in den Kronen von Eichen; manche der Nester sind weit mehr als einen Meter breit.

Die Nester sind (oft hervorragend isolierte) Multifunktionsbauten: Anfangs liegen in ihnen die Eier, geschützt vor Wetter und Feinden; später sind sie Ort der Brut, wachsen darin die Jungvögel auf.

PERFEKTIONIST
Ein Hüttengärtner optimiert sein Laubendach. Nur wenn die Konstruktion ein Weibchen überzeugt, hat sich der Aufwand gelohnt

Beim Nestbau spielen wohl auch Erfahrung und Lernfähigkeit eine wichtige Rolle

BRAUTWERBUNG Zur Errichtung seines Balznestes trägt der in Australien heimische Graulaubenvogel zwischen 4000 und 5000 Ästchen herbei

PFAHLBAU Das fein gewebte Nest des Teichrohrsängers, der gut getarnt in dichten Schilf-Biotopen lebt, ist an mehreren Röhrichthalmen aufgehängt

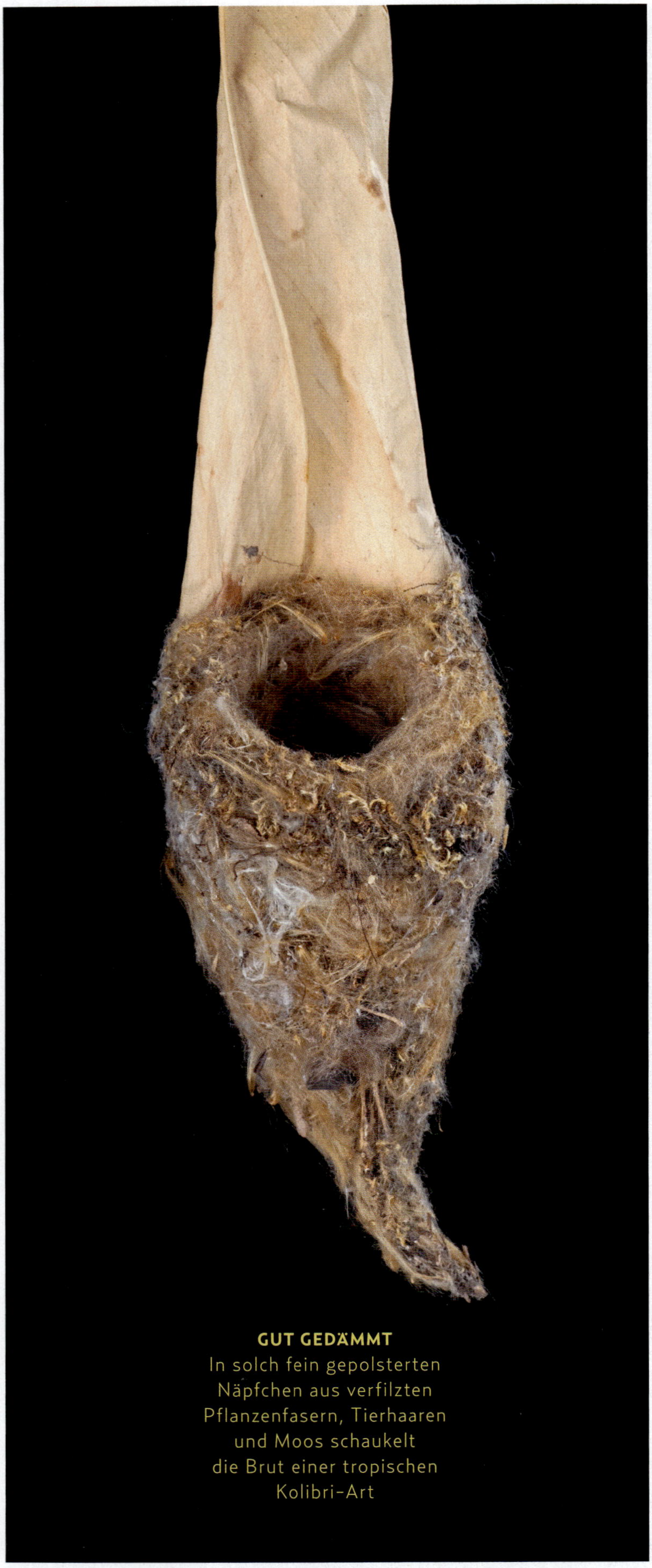

GUT GEDÄMMT
In solch fein gepolsterten Näpfchen aus verfilzten Pflanzenfasern, Tierhaaren und Moos schaukelt die Brut einer tropischen Kolibri-Art

Zuweilen ist das Nest sogar ein Statussymbol: Dann legt es das Männchen schon vor der Brautschau an und versucht, mit einem aufwendigen Bau bei Weibchen Interesse zu wecken und Nebenbuhler auszustechen – etwa der Star, der seine Nester mit auffallendem Grünmaterial dekoriert.

Woher aber wissen Vögel, welcher Ort für ihre Brut optimal ist? Woher stammt ihr Können?

Forschende haben herausgefunden, dass die Fähigkeit zum Nestbau nicht, wie früher angenommen, allein instinktgesteuert ist. Vögel schlüpfen keineswegs mit genetisch verankerten Konstruktionsplänen im Kopf aus dem Ei – es spielen wohl auch Erfahrung und Lernfähigkeit eine wichtige Rolle.

So weisen etwa die Nester des afrikanischen Maskenwebers – der pro Brutsaison Dutzende sehr komplexe Bauten fertigt – nicht nur ausgeprägte individuelle Unterschiede in der Flechtweise auf: Die Elternvögel perfektionieren zudem im Laufe des Jahres ihre Fertigkeiten, verschwenden weniger Material, weben rascher und geschickter.

Manche Vogelarten besitzen ferner die Fähigkeit zum cleveren Koordinieren. So werkeln Schwanzmeisen-Paare rund vier Wochen lang im Team an ihrem dickwandigen, bis auf ein seitliches Einschlupfloch geschlossenen Nest, das aus Ästchen, Moosen, Flechten besteht. Bei der Zusammenarbeit stimmen sich die künftigen Eltern genau ab, wo und wie sie das eiförmige Eigenheim an dünne Zweigspitzen alter Bäume hängen und austarieren. Und kleiden es dann mit zarten Pflanzenfasern, hauchfeinen Spinnweben und flaumigen Federchen kuschelig aus.

Bei den noch kunstfertigeren Beutelmeisen startet das Männchen zunächst allein mit der birnenförmigen Grundkonstruktion des Nests. Später wird es gemeinsam mit dem Weibchen zu einer Art Beutel aus Pflanzenfasern und Samenwolle vollendet.

Um bei einer ersehnten Partnerin zu punkten, muss manches Männchen mit seinem Können zunächst sogar Marketing in eigener Sache betreiben: Der nur etwa zehn Gramm schwere Zaunkönig zum Beispiel errichtet gleich mehrere kugelförmige Nest-Rohbauten. Anschließend lädt er das Weibchen mit zwitschernden Lockrufen zur Besichtigung ein. Nach eingehender Prüfung sucht die baldige Vogelmutter schließlich das Schönste unter den Nestern aus, um es dann bezugsfertig mit feinstem Moos auszupolstern.

Ein besonders formbares Nistmaterial verwenden Mehlschwalben, die stets in großen Gruppen nisten. Für ihre geplante Wohnkolonie schaffen sie Hunderte feuchter Lehmklümpchen herbei, vermischen sie mit ihrem Speichel und vermauern sie zu den schalenförmigen

Großstadt-Spatzen nutzen nikotinhaltige Zigarettenkippen zum Auspolstern ihrer Nester

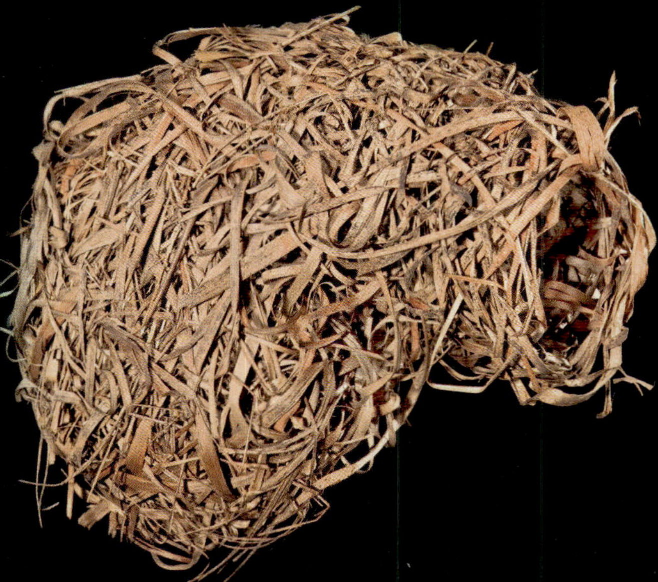

FLECHTMEISTER
Typisch Webervogel: Ein kleines Schlupfloch führt in eine größere, gut isolierte Nesthöhle, die Wind und Wetter standhält

SAISONARBEITER
Er schafft Material heran (mitunter auch Drahtabschnitte), sie baut: in gerechter Arbeitsteilung entsteht so ein Türkentaubennest

WAHLHEIMAT
Teichrallen (oder -hühner) bauen mehrere Nistplatz-Varianten, erst kurz vor der Eiablage wird das eigentliche Gelegenest kreiert

FLAUSCHIGE HÖHLE
An einem herabhängenden Zweig verbaut die Beutelmeise verschiedene Naturmaterialien wie Bastfasern, Tierhaare oder Samenhaare von Pappeln und Weiden

Manche sammeln spezielle Pflanzenteile, die antibakteriell wirken

DEKO-KÖNIGE Um die Aufmerksamkeit potenzieller Partnerinnen zu erregen, bauen manche tropische Laubenvögel teils jahrelang an kunstvoll dekorierten Pavillons

Nestern, die dann oft zu Dutzenden nebeneinander an überdachten Hauswänden kleben.

Zuweilen nutzen die Architekten auch eher ungewöhnliches Nistmaterial. Stare beispielsweise sammeln für ihre Nisthöhle beblätterte Stängel der Wilden Möhre, die durch ihre pflanzeneigenen Aromastoffe Milben und Läuse in Schach halten und sogar antibakteriell wirken. Andere Vögel wählen raschelndes Papier, bunte Stofffetzen und helle Plastikfolie, um Aufmerksamkeit zu erregen. Und Großstadt-Spatzen nutzen nikotinhaltige Zigarettenkippen zum Auspolstern ihrer Nester. Ob sie durch die weiche Zellulose dazu verführt werden? Oder ob sie Parasiten vertreiben wollen? Das lässt sich nicht eindeutig beantworten, doch finden sich in solchen Nikotin ausdünstenden Kinderstuben weniger Schmarotzer – vermutlich also wirklich eine findige Strategie der Sperlinge.

Längst nicht jede Vogelart aber betreibt überhaupt derart ausgefeilte Kunst am Bau. So muss etwa dem Nachwuchs der Ringeltaube ein wenig kahles Reisig ausreichen, fast provisorisch auf einer Astgabel zusammengesteckt. Schwarzspechte zimmern zwar mit wochenlangem Einsatz eine Bruthöhle in (oft schon morsche) Bäume, polstern die Kinderstube aber nur flüchtig mit ein paar losen Holzspänen aus.

Und ganz ohne Nest kommt der bodenbrütende Flussregenpfeifer aus: Seine wie getupfte Kiesel aussehenden Eier legt der Watvogel in einer Kiesmulde am Gewässerufer ab – eine optimale Tarnung.

Andere Vogelarten nutzen jedes Jahr das gleiche Nest und zimmern an dem einmal errichteten Bau immer weiter, bessern und bauen aus. So fertigen Seeadler in Baumkronen aus Ästen und Zweigen einen Horst, dessen Nistmulde sie mit Gras und Moosen auskleiden.

Schon im ersten Jahr ist der Neubau imposant, misst einen guten Meter und ist bis zu 80 Zentimeter hoch. Doch mit jedem Jahr und jeder neuen Brut tragen die Adler neues Material heran, und so nimmt der Horst immer gewaltigere Ausmaße an. Über Jahrzehnte genutzt, kann ein solcher Altbau zwei Meter breit und fünf Meter hoch sein und mehr als eine halbe Tonne auf die Waage bringen.

Ob winziges Napfnest oder mächtiger Horst – nestbauende Vögel sorgen optimal für den Erhalt ihrer Art: durch den bestmöglichen Start ihrer Brut ins Leben. ■

Wie fühlt es sich an, die Welt aus der Perspektive eines Greifvogels zu sehen? Dank moderner Technik **KÖNNEN WIR MITFLIEGEN** – und zumindest eine Ahnung davon bekommen, mit welch erstaunlicher Präzision der Jäger seine Beute ins Visier nimmt

Text: **Sebastian Witte**

Mit den Augen

des Adlers

ÜBER DEN SPITZEN
Eine Kamera auf dem Rücken eines Adlers – hier über dem Zugspitzmassiv – ermöglicht ungewohnte Einblicke in Wahrnehmung und Verhalten von Greifvögeln

W

WIE MAG DAS WOHL SEIN – die Welt mit den Augen eines Adlers zu sehen? Von hoch oben, mit weit ausgebreiteten Schwingen, im lautlosen Gleitflug, potenzielle Beutetiere beharrlich im Blick. Es bedarf einiger Fantasie, diese Perspektive einzunehmen, sich etwa vorzustellen, wie man in warmen Aufwinden an sonnenbeschienenen Gebirgshängen enge Kreise zieht, um sich kraftsparend immer weiter emportragen zu lassen. Oder wie rasant die Umgebung an einem vorbeirauscht, wenn man im Sturzflug mit bis zu 320 Stundenkilometern ein Birkhuhn überrascht.

Doch jenseits jeder Vorstellungsgabe können wir uns inzwischen auch einen handfesten Eindruck von der Weltwahrnehmung eines Greifvogels verschaffen. Denn winzige 360-Grad-Kameras, von Forschenden auf dem Rücken der Tiere montiert, erlauben es, einem Adler bei seinen ausgedehnten Erkundungsflügen und gewagten Manövern über die Schulter zu schauen. Mehrere Tiere in den Alpen haben Vogelkundige auf diese Art präpariert – und wurden dafür mit spektakulären Aufnahmen belohnt. Mächtige Gipfel sind auf diesen Bildern zu Hügeln geschrumpft, Menschen wirken wie Miniaturen, verloren in der Weite der Landschaft.

Man kann in den Sequenzen erahnen, dass sich ein Adler ganz anders orientiert als der Mensch: Nicht Wege, Straßen oder markante Gebäude dienen ihm als Fluchtpunkte. Vielmehr scheint er Grate und Hügelkuppen wie eine Karte zu lesen; kleinere Felsvorsprünge wecken seine Neugier – denn dort könnten sich Mäuse, Murmeltiere oder Gamskitze greifen lassen.

Dank eines GPS-Senders, der ebenfalls auf dem Rücken der Tiere mitfliegt, lernen Forschende zudem eine Menge über die jeweiligen Bewegungsprofile. Die dreidimensionalen Muster aus Linien, die so entstehen, offenbaren Erstaunliches: Ein jugendlicher Steinadler legte Tagesstrecken von 200 Kilometern zurück, in wenigen Wochen überflog er ein Gebiet von mehr als 12 000 Quadratkilometern!

Die Daten untermauern die Vermutung, dass die Jungtiere das Beutegreifen wohl erst mühsam erlernen müssen. Daher suchen sie die Weiten anfangs vor allem nach Kadavern ab, einem toten Steinbock oder einer Gämse, und kehren von ihrem Horst immer wieder zu den Fundplätzen zurück – um unbeholfen Aas herunterzuwürgen.

Überwachungsflüge mit Falken offenbaren, wie komplex eine erfolgreiche Attacke verläuft: Zunächst nähern sich die Greifvögel ihren Opfern bevorzugt seitlich und in einem konstanten Winkel, machen dabei jede Zickzackbewegung mit, bevor sie ihre Flügel nahezu vollständig anlegen, um sich im Steilflug auf die Beute zu stürzen. Erst unmittelbar vor dem Zuschlagen bremsen sie ab, mit ihren kräftigen Füßen und Krallen töten sie dann selbst wehrhafte Tiere.

Aber auch die Kameraüberwachung kann letztlich nur eine Ahnung davon vermitteln, wie ein Greifvogel beim Jagen und Erkunden die Welt sieht.

DENN DAS GEHEIMNIS seiner Wahrnehmung beschränkt sich nicht auf die Vogelperspektive – es verbirgt sich vielmehr in der besonderen Biologie seines Auges. Schon dessen gewaltige Größe im Vergleich zu den Maßen des Schädels zeugt von der enormen Bedeutung seiner Sehfähigkeit.

Was das Adlerauge so vielseitig und leistungsfähig macht, ist vor allem ein spezifisches anatomisches Detail: Anders als das Menschenauge verfügt es nicht über eine, sondern zwei Sehgruben (ein winziger Bereich auf der Netzhaut, der Ort des schärfsten Sehens).

Eines der beiden Sehschärfezentren, die „zentrale Sehgrube“, dient dem Tier zum Betrachten seitlich gelegener Objekte. Das zweite Zentrum, die „temporale Sehgrube“, erlaubt es ihm dreidimensional zu sehen und auf feinste Details im vorderen Blickfeld zu fokussieren, etwa Beutetiere.

Diese anatomische Besonderheit verschafft dem Adler zwei (einander eigentlich ausschließende) Fähigkeiten: detailreiche Rundumsicht und präzise Vorausschau.

Das ist eine Sinnesleistung, die wir Menschen nur schwer nachvollziehen können, denn wir sind es gewohnt, stets nur einen kleinen Ausschnitt unserer Umgebung scharf zu sehen.

Darüber hinaus sind die Zapfen – Sehzellen, die für die Wahrnehmung von Farben notwendig sind – bei tagaktiven Greifvögeln weitaus dichter gepackt als beim Menschen: mit bis zu einer Million Nervenzellen pro Quadratmillimeter in der zentralen Sehgrube.

So kommt es, dass Adler etwa achtmal schärfer sehen als wir. Eine Maus von fünf Zentimeter Länge können sie noch aus gut 400 Meter Entfernung erspähen; größere Beutetiere erkennen sie zum Teil sogar über mehrere Kilometer Distanz.

Adler sehen etwa achtmal schärfer als Menschen. ***Eine Maus können sie noch aus 400 Meter Entfernung erspähen***

WEIT ÜBERLEGEN ist auch ihre Wahrnehmung von Bewegungen: Dem Adlerauge entgehen weder blitzschnelle noch sehr langsame Positionsveränderungen. Daher kann der gefiederte Jäger bei Verfolgungsjagden und Ausweichmanövern unvermittelt reagieren – und ist zugleich in der Lage, den Stand der Sonne zu seiner Orientierung zu nutzen, beispielsweise bei Langstreckenflügen.

Während wir bereits 14 bis 16 Bilder pro Sekunde als Bewegung wahrnehmen, kann ein Adler eine enorm schnelle Folge von bis zu 150 Bildern pro Sekunde in einzelne Eindrücke auflösen. Selbst schnellste Bewegungen vermag der Vogel daher in aller Ruhe zu verfolgen. Viele Haken und Tricks von Beutetieren kommen ihm wohl träge wie Zeitlupenaufnahmen vor.

Ihr räumliches und zeitliches Auflösungsvermögen lässt Greifvögel erstaunliche Kunststücke ausführen – etwa wenn ein Baumfalke spielerisch leicht eine Großlibelle im Flug ergreift. Oder wenn ein Wespenbussard aus großer Entfernung eine zwei Zentimeter kleine Wespe vor einem Gestrüpp entdeckt und über zig Meter verfolgt. Oder wenn ein Habicht seine wendige Beute – andere Vögel – ständig im Auge behält und zugleich sämtliche Hindernisse der Umgebung erfasst, um nicht etwa gegen einen Baum zu fliegen.

BEUTE IM BLICK
Die 360-Grad-Kamera soll das erstaunlich große Sehfeld des Greifvogels abbilden (l.). Mit ihren kräftigen, spitzen Krallen vermögen Adler auch sehr wehrhafte Tiere zu umklammern und zu töten (o.)

DASS GREIFVÖGEL die Welt mit anderen Augen sehen, zeigt sich schließlich noch in einem weiteren Phänomen: Die scharfsichtigen Jäger nehmen auch den ultravioletten Bereich des Lichtspektrums wahr. Turmfalken zum Beispiel können so Urinspuren (die UV-Licht reflektieren) von Mäusen erkennen. Anhand der Leuchtstreifen am Boden vermögen sie so schon aus großer Höhe abzuschätzen, ob es sich lohnt, eine Wiese genauer in Augenschein zu nehmen.

Je mehr Forschende – auch dank der kamerabewehrten Adler – über die Fähigkeiten von Greifvögeln lernen, desto erstaunlicher wirken die Luftakrobaten.

Durch die grandiosen Aufnahmen aus der Vogelperspektive erhoffen sich die Vogelbegeisterten aber noch mehr: Die Bilder und Videos sollen unseren eigenen Blick schärfen – für die Schönheit der heimischen Wildnis und für die Veränderungen, die die Natur durch uns Menschen erfährt. ▬

Feder-leichte Meister-werke

Sie tarnen und schmücken, schützen vor Nässe und halten warm, dienen der Kommunikation und verleihen Auftrieb: Federn sind ***erstaunliche Multitalente.*** Ihr evolutionärer Erfolg gründet nicht zuletzt auf einem genialen Konstruktionsprinzip

Text und Fotos: **Rainer Harf**

Einzigartigkeit
Sie mögen einander ähneln, doch schon ein Blick auf diesen Flügel zeigt: Einem Vogel wachsen keine zwei exakt gleichen Federn. Jede von ihnen ist anders geformt, anders gefärbt. Jede entspricht ihrer jeweiligen Funktion – und fügt sich so perfekt in das Gesamtgefieder ein (Rotflügelsittich)

Brillante Anatomie

Federn vereinen Gegensätze: Sie sind zart und robust, sie sind biegsam und behalten doch ihre Form. Diese Eigenschaften macht eine raffinierte Anatomie möglich: Von einem hohlen Schaft zweigen Äste ab, an denen wiederum winzige Zweige sitzen: die Strahlen. Wie ein Klettverschluss verbinden sich die Strahlen benachbarter Äste miteinander und bilden so die elastische und doch stabile Fahne. Mit dieser besonderen Architektur bilden Federn die komplexeste äußere Oberflächenstruktur im Tierreich (Scharlach-Ara)

Schmücken und Dämmen

Federn haben vielfältige Funktionen: Mit oftmals farbenfrohen Schmuckfedern versuchen die Männchen zahlreicher Vogelarten, potenzielle Partnerinnen zu beeindrucken. Zu diesem Zweck vermögen Pfauenhähne ihre auffallenden Schwanzfedern (links) zu einem Rad aufzuschlagen. Ein Schauspiel, das auch Feinde in die Flucht schlagen soll. Daunenfedern wiederum sind hervorragende Wärmespeicher: Tatsächlich dämmt bis heute keine synthetische Faser besser als das flauschige Original (Grünspecht, u.)

Die perfekte Tragfläche

Weltweit leben nahezu 11 000 Vogelarten. Doch so unterschiedlich Geier, Papagei oder Albatros anmuten, ihr Gefieder lässt sich grob in vier Typen von Federn aufteilen: Das Unterkleid bilden die weichen und wärmenden Daunenfedern. Über den Daunen liegen die Konturfedern: Sie teilen sich wiederum auf in Deckfedern, die häufig große Teile des Körpers bekleiden, Schwanzfedern, die Vögel etwa als Steuer beim Fliegen einsetzen und Schwungfedern, die an den Flügeln sitzen, aerodynamisch geformt sind und die Tiere dazu befähigen, auf teils virtuose Weise durch die Luft zu flattern (Veilchenente)

Explosion der Farben

Ein sattes Gelb, ein Hauch von Blau, ein Rot, Grün, Weiß oder Schwarz: Dank ihrer Federn zählen Vögel zu den buntesten Landtieren. Die meisten Farben entstehen dadurch, dass entsprechende Pigmente in die Federn eingelagert sind. Andere, oftmals schillernde, metallische Töne gehören zu den sogenannten Strukturfarben: Sie werden hervorgerufen durch komplexe Mikrostrukturen. Diese aus Eiweißen gebildeten Gitter schlucken je nach Lichteinfall einen Teil des sichtbaren Farbspektrums (Scharlachara, l., Gelbhaubenkakadu, r.)

Widerstandskraft
Der Baustoff sämtlicher Federn ist Keratin. Es ist das gleiche Faserprotein, aus dem Horn und Schuppen und bei uns Menschen die Haare oder Fingernägel bestehen. Keratin zeichnet sich durch eine besonders hohe Widerstandsfähigkeit aus. Um ihr Gefieder geschmeidig zu halten, reiben viele Vögel die Federn mit einer öligen Substanz ein. Das Sekret, das mitunter wohl auch antibakterielle Eigenschaften besitzt, wird in der Bürzeldrüse an der Schwanzbasis gebildet (Goldfasan)

Ein uralter Erfolg

Charles Darwin rätselte noch, wie sich die Federn entwickelt haben mochten, was ihr ursprünglicher Nutzen war. Heute steht fest: Früh in der Evolution der Dinosaurier (zu denen Vögel im eigentlichen Sinn gehören) haben sich die Strukturen gebildet, vor mehr als 200 Millionen Jahren. Die ersten Federn dienten (wie viele ihrer heutigen Pendants) als Polster, Regenschutz, Schmuck. Erst viele Millionen Jahre später schwangen sich die Vogelvorfahren dank der Leichtbaukonstruktionen dann in die Lüfte auf (links: Blauer Pfau; unten: Graupapagei)

Brigitte
LANIUS
Die neue Fair-Fashion-Kollektion von dem nachhaltigen
Modelabel LANIUS und dem Frauenmagazin BRIGITTE:
Fair hergestellt, mit Rücksicht auf Mensch, Tier und Natur.
15% GUTSCHEINCODE:*
BXL1523
Jetzt einlösen auf
WWW.LANIUS.COM/BxL

Ihr Gehirn ist selten größer als eine Erbse, doch mehr und mehr Belege bezeugen die erstaunliche ***Intelligenz der Federtiere.*** Auf manchen Gebieten scheint ihr Scharfsinn sogar die menschliche Denkkraft zu überflügeln

Von wegen Spatze!

Text: **Sebastian Witte**
Fotos: **Ingo Arndt, Andrew Zuckerman**

URTÜMLICHE ANATOMIE?
Anders als Säugetiere haben Vögel wie dieser Haussperling keine gefurchte Großhirnrinde hervorgebracht. Daher hielten Forscher sie lange Zeit für eher einfältig

nhirn

EIGENE LINIE
Heute ist klar, dass das Vogelhirn (hier ein Schreiseeadler) evolutionär jünger als das der Säuger ist und hoch entwickelt

Unserer Sprache nach zu urteilen scheinen Vögel von eher schlichtem Gemüt zu sein. Halten wir jemanden für dümmlich, bescheinigen wir ihm ein „Spatzenhirn". Wer nicht ganz bei Verstand ist, hat, salopp ausgedrückt, „eine Meise". Talentfreie, unbeholfene Taugenichtse gelten als „Tölpel". Frauen, die ihre Kinder vernachlässigen, als „Rabenmütter". Und „piept" es bei jemandem, dann zweifeln wir an seiner Zurechnungsfähigkeit.

Solche Zuschreibungen finden sich nicht zufällig in unserem Wortschatz, denn lange Zeit hielt man Sittiche, Drosseln, Papageien, Stare und Kakadus tatsächlich für einfältig und dumm. Allenfalls zu Zierde und Zeitvertreib taugten sie vielen Menschen, in kleinen, dekorativen Käfigen.

Vögel, das waren selbst für Forschende fliegende Automaten, die gegen Fensterscheiben krachen, instinktgesteuert um sich picken, in Überlandleitungen rauschen. Höhere geistige Fähigkeiten trauten die meisten lediglich einigen Säugetieren zu, vornehmlich manchen Primaten wie etwa den Menschenaffen, also Schimpansen, Gorillas und Orang-Utans.

Denn nur sie verfügen über eine große, stark gefurchte Großhirnrinde. Dieser „Kortex" ist die äußere Hülle des Denkorgans und beherbergt Abermilliarden Nervenzellen, die höheren geistigen Aufgaben wie Lernen, Planen und Entscheiden dienen. Beim Menschen macht die nur wenige Millimeter dicke Großhirnrinde fast die Hälfte des gesamten Hirnvolumens aus: Sie lässt uns denken, Urteile fällen und die Welt begreifen.

Einem Vogelhirn aber fehlt jene walnussartige äußere Schicht. Seine Oberfläche sieht vielmehr glatt und glänzend aus wie ein Stück Leber. Eine derart simple Struktur, so vermuteten die Forschenden, könne keine kognitiv anspruchsvollen Prozesse steuern. Diese Lehrmeinung aber hat sich grundlegend gewandelt. Überall auf der Welt haben Fachleute erstaunliche Anzeichen und Belege dafür gefunden, dass Vögel weitaus schlauer sind als ihr Ruf.

In Japan etwa legen Aaskrähen Walnüsse auf Straßen, damit sie von fahrenden Autos geknackt werden. Einige dieser Rabenvögel lassen die hartschaligen Früchte sogar bevorzugt auf Kreuzungen mit Ampeln fallen und passen

Ihre Denkkraft ermöglicht ihnen gar *taktisches Geschick:* So jagen manche Greifvögel bevorzugt in der Gruppe

EFFIZIENTE NETZE
Die erstaunliche Geistesleistung vieler Spezies (hier ein exotischer Schreivogel) beruht wohl auf sehr kleinen, dicht gepackten Nervenzellen, die Signale extrem schnell verarbeiten können

Manche Vögel besitzen ein genaues Gespür für *Vergangenheit* und *Zukunft*

anschließend bewusst die Rotphasen ab, um das nun freigelegte Futter aufzusammeln. Auf diese Weise vermeiden sie es, überfahren zu werden.

Ein ähnliches Verhalten zeigen ihre Verwandten in Nordamerika, die Hirschknochen auf Eisenbahnschienen legen, um an das Mark im Inneren zu gelangen. In Simbabwe wurden Geier beobachtet, die stundenlang neben einem Minenfeld warten, bis unvorsichtige Gazellen in schnabelgerechte Häppchen gesprengt werden. Ein Schwarzmilan in Australien soll gar mit einem glimmenden Stock Gras entzündet haben: weil er es auf flüchtende Nager abgesehen hatte. Und manche Kiefernhäher legen 30 000 Futterverstecke an – und finden davon 90 Prozent wieder. Eine Gedächtnisleistung, zu der wohl kein Mensch fähig wäre.

Vor einigen Jahren testeten Verhaltensforscher in Tokio das Abstraktionsvermögen von Tauben. Auf einem Monitor präsentierten sie den Vögeln in zufälliger Reihenfolge mehrere Gemälde von Pablo Picasso und Claude Monet. Die Tauben wurden in zwei Gruppen eingeteilt. Die einen erhielten immer dann eine kleine Futterration, wenn sie mit ihrem Schnabel gegen ein impressionistisches Bild pickten, die anderen, wenn sie ein Werk von Picasso berührten. Nach einigen Durchgängen hatten die Vögel das Prinzip verstanden – und konnten die beiden Künstler fortan mit einer Treffsicherheit von bis zu 90 Prozent voneinander unterscheiden. Sie prägten sich dabei offenbar sogar den spezifischen Malstil ein, denn selbst unbekannte Werke vermochten sie nun auf Anhieb richtig zuzuordnen.

Ein Graupapagei namens Alex, den die Zoologin Irene Pepperberg an der Harvard University trainierte, bestach vor allem durch seine Fähigkeit, logische Schlüsse zu ziehen: Er konnte Stoffe wie Metall, Plastik oder Papier unterscheiden, Farben benennen oder Formen wie Kreise, Kugeln, Dreiecke und Würfel auseinanderhalten.

Mehr noch: Er vermochte sogar zu rechnen. Auf einem Tablett präsentierte die Wissenschaftlerin dem Papagei zwei umgedrehte Plastiktassen, unter denen sich Nüsse befanden – unter der einen zum Beispiel zwei, unter der anderen drei. Nacheinander hob sie die Tassen kurz hoch und stellte sie wieder ab. Dann fragte sie Alex: „Wie viele Nüsse insgesamt?"

Ein halbes Jahr lang testete die Zoologin die Rechenkünste des Papageis: Alex bildete in mehr als 85 Prozent der gestellten Aufgaben die richtige Summe. Damit erreichte er die Fähigkeiten eines Kleinkindes.

Dass manche Vögel gar eine Vorstellung davon haben, was Zeit ist, hat die britische Forscherin Nicola Clayton entdeckt. Verwehrte sie Buschhähern ihr Frühstück, versteckten die Vögel schon bald abends ausreichend Futter, um morgens nicht hungern zu müssen. Am nächsten Tag wussten die Häher nicht nur genau, wo sie die Kost vergraben hatten, sie merkten sich auch exakt, wann sie welche Nahrung beiseite geschafft hatten.

Das konnte die Britin mit einem weiteren Experiment nachweisen. Sie gab den Vögeln Wachsmotten und Erdnussstückchen und ließ sie sie in sandgefüllten Kästen verscharren. Die Raupen der Wachsmotten gehören zur Lieblingsspeise von Buschhähern, haben aber einen Nachteil: Sie verderben rasch. Die wesentlich weniger beliebten Erdnüsse halten dagegen monatelang.

Zu unterschiedlichen Zeiten gab Nicola Clayton den Vögeln die Kästen zurück. Durften die Tiere bereits am nächsten Tag nach dem Futter suchen, gruben sie ausschließlich die begehrten Raupen aus. Waren die Vorräte jedoch schon einige Tage alt, beachteten sie die Verstecke, in denen das mittlerweile verdorbene Fleisch lag, überhaupt nicht – und bargen stattdessen ausschließlich die Erdnüsse. Offenbar haben die Buschhäher also ein genaues Gespür für Vergangenheit, Gegenwart und Zukunft.

Ein anderes Experiment mit Neukaledonischen Krähen belegt, dass die Tiere in der Lage sind, aus Metalldrähten Haken zu biegen, um so einen kleinen Eimer mit Futter aus einer Röhre zu ziehen.

All dies bewerkstelligen Vögel mit einem Denkorgan, das – je nach Spezies – oft so klein ist wie eine Erbse (und nie größer als eine Pflaume) und zudem ohne die zerklüfteten Großhirnwindungen auskommt. Gerade die aber hatte der deutsche Neuroanatom Ludwig Edinger einst zum Gipfel der Hirnentwicklung erklärt, als er vor mehr als 100 Jahren eine Art Stufenleiter der Intelligenz für die Wirbeltiere entwarf.

Seinem Modell zufolge haben sich die Vertebraten (von lateinisch: vertebra, Wirbel) im Verlauf der Evolution kontinuierlich weiterentwickelt – von den Fischen über Amphibien, Reptilien und Vögel bis zu den Säugern. Mit jeder Stufe, so die Theorie, erhielten die einzelnen Klassen ein neues, noch leistungsfähigeres Hirnstück dazu.

Die unter den Windungen liegenden Hirnareale etwa eines Affen deutete Edinger entsprechend als Relikte früherer Evolutionsschritte: zuinnerst das Fischhirn, drumherum das Amphibien- und das Reptilienhirn, dann das Vogelhirn und zuletzt das Säugerhirn mit seiner gefalteten Großhirnrinde, dem Kortex. Deshalb wurden die Gehirne von Vögeln im Vergleich zu denen von Säugetieren als primitiv und

Rabenvögel können sich in die *Gedanken von Artgenossen* hineinversetzen

weniger entwickelt angesehen, galt das Federvieh eher als instinktgetrieben. Den neueren Erkenntnissen zufolge ist jedoch klar, dass der Kortex der Säugetiere nicht länger als einzige Lösung auf dem evolutionären Weg zu intellektuellen Fähigkeiten gelten kann. Die Evolution der Intelligenz ist keineswegs so geradlinig und gerichtet verlaufen, wie Edinger einst dachte.

Im Gegenteil: Die Klasse der Vögel, so wissen die Forschenden heute, hat sich vor gut 150 Millionen Jahren von den Reptilien abgespalten – mindestens 150 Millionen Jahre später als die Säugetiere. Das Vogelhirn stellt also gewissermaßen das viel jüngere Organ dar. Demzufolge ist es keineswegs ein urtümlicher Vorläufer des Säugetierhirns.

Beide Klassen, die Vögel und die Säugetiere, haben ihre weit entwickelte Intelligenz vielmehr unabhängig voneinander hervorgebracht. „Wenn man einmal vom Menschen absieht, so war die Vogellinie in der Entwicklung kognitiver Fähigkeiten nicht weniger erfolgreich als die Säugetierlinie", erklärt der Biopsychologe Onur Güntürkün, der an der Ruhr-Universität Bochum die erstaunliche Gehirnleistung der gefiederten Flieger erforscht. Einige Spezies bewältigten den mentalen Aufschwung jedoch erfolgreicher als andere. Denn in beiden Klassen wuchsen die Hirne einiger Vertreter im Lauf der Evolution überproportional an: bei den Säugern die der Menschenaffen, bei den Vögeln vor allem die der Raben, Krähen und Papageien.

Evolutionsbiologen erklären das Phänomen unter anderem damit, dass diese Arten fast ausnahmslos in komplexen sozialen Gruppen leben. In solchen vielschichtigen Gemeinschaften, in denen die Mitglieder ständig miteinander interagieren, benötigen Tiere besonders leistungsfähige Gehirne.

So müssen Schimpansen ihre Artgenossen ebenso individuell erkennen und unterscheiden können wie Raben – denn beide Arten bilden Clans mit einer ausgeprägten Hierarchie. Manche Clanmitglieder schließen langjährige Freundschaften, fechten Kämpfe mit Rivalen aus, gehen gemeinsam auf Jagd.

Während jedoch der Fortschritt hin zu immer mehr Leistung bei den Primaten in erster Linie dem Aufblähen der Großhirnrinde zu verdanken war, folgte die Entwicklung der Vögel anderen Bauprinzipien. Ihr Intelligenzzentrum wird heute einer Hirnregion zugesprochen, die Forschende gemäß der Theorie von Edinger noch vor wenigen Jahren mit primitiven Instinkthandlungen und unbewusst ablaufenden Prozessen in Verbindung brachten.

TÜFTLER UND KOMBINIERER
Mit ihren effizient arbeitenden Hirnen können Vögel, hier ein Swainson-Tukan, relativ komplexe Probleme lösen. Intelligenz ist demnach nicht unbedingt eine Frage der Hirngröße

ANPASSUNGSKÜNSTLER
Nicht zuletzt dank ihrer Denkkraft können Vögel in den unterschiedlichsten Lebensräumen siedeln. Manche Flamingos etwa leben an Vulkanseen in über 5000 Meter Höhe

Onur Güntürkün und sein Team haben dagegen entdeckt, dass das ungefaltete Vorderhirn der Vögel im Prinzip die gleichen Typen von Neuronen enthält wie der Kortex der Säuger.

Das bedeutet, dass beide Hirnstrukturen in der Lage sind, ähnliche neuronale Netze zu knüpfen. Während sich die verschiedenen Neuronenarten im Säugerkortex jedoch in Schichten übereinanderlegen, fügen sie sich im Vogelhirn zu Clustern zusammen – gleich einem Marmorkuchen, in dem sich verschiedenfarbige Anteile des Teigs in Gruppen nebeneinanderballen.

Welchen Vorteil diese Clusterbildung hat, können die Forschenden bislang noch nicht mit letzter Sicherheit beantworten. Vermutlich hilft sie dem Vogelhirn dabei, einzelne Areale besonders effizient miteinander zu verschalten, Hirnfunktionen wie Planen, Bewerten und Entscheiden besser zu koordinieren. Erst 2020 konnte das Team bei Tauben- und Schleiereulen zeigen, dass zumindest jene Bereiche, die an der Verarbeitung sensorischer Reize beteiligt sind, ähnlich komplex organisiert sind wie im Säugerkortex.

Zugute kommt dem vergleichsweise winzigen Denkorgan der Federtiere bei dieser Höchstleistung eine weitere architektonische Besonderheit: Es besitzt sehr kleine Nervenzellen, die äußerst dicht gepackt sind.

Vögel vereinen also auf kleinem Raum eine weitaus höhere Anzahl von Neuronen als Säugetiere. Das hat große Vorteile: Die Übertragungswege zwischen einzelnen Zellen verkürzen sich enorm, Reize können rascher verarbeitet und weitergeleitet werden.

Intelligenz ist demnach nicht unbedingt eine Frage der Hirngröße. Vielmehr kommt es auf die Leistungsfähigkeit der einzelnen Neuronennetze an, und in dieser Eigenschaft scheinen die Denkapparate der Vögel die aller anderen Tiere zu übertreffen. Wie die Forschenden kürzlich mittels bildgebender Verfahren feststellen konnten, haben die Vögel im Vergleich zu manchen Säugern sogar die viel effizienteren Gehirne hervorgebracht. Demnach benötigen die Neuronen von Taube, Elster und Co nur etwa ein Drittel der Energie, die Säugetiere aufwenden müssen, um ihr Gehirn zu versorgen.

Vielleicht waren einige Vogelspezies auch deshalb imstande, sich an mehr Lebensräume anzupassen und mehr ökologische Nischen zu erobern als die meisten anderen Wirbeltiere. Denn um sich in unterschiedlichsten Habitaten behaupten zu können, benötigen Tiere vor allem geistige Flexibilität: So sind bestimmte Rabenvogelarten in der Gesellschaft von Eisbären in der hohen Arktis ebenso zu Hause wie im Gefolge von Wolfsrudeln in der sibirischen Taiga, sie fangen bei 50 Grad Celsius Eidechsen im amerikanischen Death Valley und bewohnen die Gebirgsregionen des Himalaya, der Rocky Mountains und der Anden.

Einige Spezies haben die *höchste Form des Geistes* hervorgebracht: ein Bewusstsein ihrer selbst

Auch an die Moderne haben sie sich gewöhnt: Sie nisten auf Sendemasten, durchwühlen Mülltonnen, erbeuten überfahrene Tiere auf der Straße.

Und wie der Verhaltensforscher Thomas Bugnyar von der Universität Wien herausgefunden hat, vermögen sie sich sogar in andere Artgenossen hineinzuversetzen – eine geistige Gabe, die ein hohes Maß an Aufmerksamkeit und Einfühlungsvermögen voraussetzt.

In einem Experiment ließ Bugnyar zwei Raben dabei zusehen, wie er in einem Gehege Futter versteckte. Bei einigen Durchgängen verdeckte er jedoch die Sicht des einen Vogels so, dass nur der andere mitbekam, wo genau sich die Kost verbarg. Wussten beide Vögel um das Versteck, lieferten sie sich einen Wettlauf, schließlich wollte jeder den Leckerbissen als Erster einstreichen. War einer der beiden Vögel hingegen ahnungslos, ließ sich der eingeweihte Rabe Zeit.

Er wartete, bis sich sein Gefährte möglichst weit von der begehrten Futterstelle entfernt hatte, und plünderte erst dann das Versteck: weil er wusste, dass der andere keine Ahnung hatte, wo sich die Nahrung befand. Bei so viel tierischer Einsicht und List scheint es fast, als überträfe der Mensch den gefiederten Scharfsinn nur deshalb, weil er über die wohl komplexeste Form des Geistes verfügt: Selbstbewusstsein, also eine Ich-Identität.

Bei Kindern reift die Fähigkeit zur Selbsterkennung im Alter von etwa 18 Monaten heran. Klebt man ihnen einen Farbpunkt auf die Stirn, bemerken sie ihn, sobald sie sich im Spiegel sehen, und fassen sich an die markierte Stelle. Sie begreifen: Das bin ich, und auf meiner Stirn haftet ein Punkt.

Auch einige Menschenaffen vermögen sich so selbst zu erkennen. Doch anders als Fachleute lange Zeit vermuteten, sind sie nicht die einzigen Tiere, denen dies gelingt: Onur Güntürkün hat das Experiment mit Elstern wiederholt, und auch die Rabenvögel haben sofort versucht, sich an der präparierten Stelle zu kratzen und zu putzen. Sie erkannten sich also selbst.

„Die ganze Zeit hat neben uns eine Gruppe von Tieren gelebt, die all jene mentalen Fähigkeiten entwickelt haben, die auch für den Menschen wichtig sind. Und niemand hat es bemerkt", sagt Güntürkün.

So kommt es, dass Forschende gerade erst beginnen, das Geheimnis der grübelnden Vögel zu enträtseln.

Bisher haben sie vor allem Einblicke in die Köpfe von Raben, Tauben und Papageien gewonnen. Doch wer weiß, zu welchen geistigen Höhenflügen andere Vögel fähig sind: Pinguine etwa, Albatrosse und Strauße, Enten, Adler oder Kiwis.

Immerhin gibt es ja nahezu 11 000 Vogelspezies auf der Erde. Und damit rund 11 000 verschiedene Arten von Intelligenz – das sind fast doppelt so viele wie bei den Säugetieren.

Wer einmal der Leidenschaft verfallen ist, Vögel zu beobachten, darf sein Leben fortan in wundervollen Begegnungen mit gefiederten Wesen verbringen.

Es werden übrigens immer mehr, die sich dieser herrlich sinnlosen Sinnsuche hingeben

Text: Johanna Romberg

Fotos: Sofia Brandes

Zen oder die Kunst, einen Graureiher zu betrachten
Es ist nicht immer die Jagd nach ornithologischen Sensationen, von der sich die eingeschworene Gemeinschaft treiben lässt. Auch ein Allerweltsvogel schenkt Momente stiller Freude

Liebe *geht durchs* Fernglas

Wenn mich Leute fragen, weshalb ich so gern Vögel beobachte, nenne ich meist drei Gründe. Zuerst, natürlich: die Vögel selbst. Sie sind schön, rätselhaft, auffällig, manchmal komisch, immer wieder überraschend, sie können singen und fliegen, sie sind empfindsam und schützenswert, und das sind nur eine Handvoll von mindestens hundert weiteren Gründen, sie liebens- und beachtenswert zu finden.

Der zweite Punkt, der fürs Beobachten spricht, ist, dass man es draußen tun kann, in der Regel an Orten, die auch ohne Vögel reizvoll sind: grün, ruhig, oft am Wasser gelegen und immer ein bisschen lebendiger und wilder als die durchschnittliche mitteleuropäische Kulturlandschaft. Man kommt beim Beobachten außerdem in Bewegung, aber nie zu sehr. Und wenn doch, bleibt man einfach stehen und guckt durchs Fernglas.

Das Stichwort Fernglas führt zum dritten Grund, der eher praktischer Art ist, aber ich finde, dass er das Vögelbeobachten angenehm von vielen anderen Outdoor-Aktivitäten abhebt: Man kommt dabei ohne viel Zeugs aus. Man braucht kein vielteiliges, ständig ergänzungsbedürftiges Equipment, keine digitalen Gadgets mit frostempfindlichem Akku und hundertseitiger Gebrauchsanleitung, keinen Kurs in Werkzeug- und Materialkunde. Eigentlich sind zum Sichten und Bestimmen von Vögeln lediglich zwei Dinge nötig: ein Fernglas und ein Bestimmungsbuch.

Ferngläser gehören zu den wenigen Hightech-Produkten, die man ohne Einweisung sofort benutzen kann. Im Prinzip jedenfalls. Das Einzige, was man tun muss, ist: Vogel sichten, Glas an die Augen heben, Vogel in Vergrößerung betrachten, Fernglas absetzen, Bestimmungsbuch aufschlagen, Vogel mit Abbildungen vergleichen und identifizieren. So einfach ist das.

Im Prinzip, wie gesagt.

Da sitzt ein Vogel in einem Baum, ungefähr 70 Meter entfernt. Fernglas heben, hinschauen – und leise fluchen: Im Visier ist nur verschwommener Blattsalat zu sehen. Die Entfernung ist falsch eingestellt. Am Schärferegler drehen, wie immer zuerst verkehrt herum: Der Blattsalat verschwimmt zu grünen Schlieren. Andersrum drehen. Jetzt ist das Blattwerk gestochen scharf – aber kein Vogel ist zu sehen. Fernglas absetzen: Da sitzt er noch. Der Ausschnitt war falsch gewählt, das Glas wenige Zentimeter zu weit nach rechts gerichtet. Noch mal fixieren, ansetzen: Jetzt stimmt der Ausschnitt. Aber der Vogel ist weg. Absetzen: Da sitzt er, keine zwei Meter weiter links. Nur ist er jetzt leider durch einen Ast

Mit Herzblut und Engagement
Als »Ornithomane« beschreibt sich Peter Bertholt, einer der bekanntesten Ornithologen Deutschlands, um zum Ausdruck zu bringen, dass er den Vögeln verfallen ist

Selbstbewusste Birderin
Vogelbeobachtung ist ein durch Männer dominiertes Hobby? Nanette Roland hält dagegen: Im Artenlisten-Ranking liest man ihren Namen weit oben

Vögel »verraten« sich durch eine Zeichensprache, die man lesen lernen kann wie Federfarbe oder Gesang

Im Busch
Drei von vierhundert, die im Herbst nach Helgoland zu den Vogeltagen reisen. Dann ist die Insel Rastplatz für Abertausende Zugvögel. Auch Exoten sind darunter – auf beiden Seiten des Fernglases

Rare Entdeckungen
Wer Vögel liebt, erlebt auch immer wieder Momente voller Wehmut. Manches himmlische Naturschauspiel – etwa ein Starenschwarm – ist selten geworden, trotz Schutzgebiet

Für mehr Sichtbarkeit
Früher waren in der Szene vor allem verschrobene ältere Herren unterwegs. Das hat sich gewandelt. Libby van Dalen ist Mitglied im »Feminist Bird Club« in den Niederlanden

Wer Vögel beobachten will, braucht nicht viel
Ein gutes Fernglas und ein gutes Bestimmungsbuch, schon tun sich Welten auf. Eher seltenes Hilfsmittel: »Audubon Bird Call« eine Pfeife, deren Töne Singvögel anlocken sollen

verdeckt. Und dann fliegt er auch schon davon, auf Nimmerwiedersehen.

Es gibt Momente beim Beobachten, in denen selbst das ausführlichste Bestimmungsbuch und das schärfste Glas nicht weiterhelfen. Weil der Vogel zu weit weg sitzt oder die tief stehende Sonne seine Farben unkenntlich macht, weil er so hoch oben im Baum hockt, dass nur seine Unterseite sichtbar ist, weil er nicht sitzt, sondern vorbeifliegt, und das so schnell, dass keine Zeit bleibt, ihn näher zu betrachten. Aber selbst solche Vögel „verraten“ sich; durch eine Zeichensprache, die man lesen lernen kann wie Federfarben und Gesang. Bislang gibt es nur einen englischen Namen für diese Sprache; er klingt ein bisschen wie ein Zauberwort: *jizz*.

Als ich dieses Wort zum ersten Mal hörte, hatte ich schon knapp 30 Jahre Beobachtungserfahrung hinter mir und galt zumindest im Kreis meiner Kolleginnen und Kollegen als Expertin für Vogelkunde. Deshalb hatte mich GEO auf die Scilly-Inseln vor der Südwestspitze Cornwalls geschickt, um eine Reportage über britische Birder zu schreiben, passionierte Vogelbeobachter und Vogelbeobachterinnen also. In Großbritannien ist Birding, anders als bei uns, kein Nischenhobby, sondern ein Volkssport, für den sich Millionen begeistern. Und einer der besten Orte, diese Begeisterung in konzentrierter Form zu erleben, sind die „Scillies“. Vor allem zur Zeit des Vogelzugs pilgern ganze Schwärme von Fernglas tragenden Menschen dorthin. Denn für Zugvögel ist die Inselgruppe etwa das, was London Heathrow für den Flugverkehr ist: ein internationales Drehkreuz, an dem zahlreiche Reiserouten aus verschiedenen Himmelsrichtungen zusammenlaufen.

Auf den Scillies machen nicht nur viele reguläre Durchzügler Station, die von Skandinavien, Großbritannien und dem Nordmeer kommend nach Südwesteuropa oder über die Straße von Gibraltar nach Afrika fliegen. Hier landen auch die „verlorenen Seelen der Vogelwelt“, wie die britischen Birder sie nennen: Irrgäste aus Nordamerika, die auf dem Zug gen Süden durch Stürme über dem Atlantik verdriftet worden sind, oder „Geisterflieger“ aus dem Nahen und Fernen Osten, die aufgrund genetischer Fehlprogrammierung eine falsche Flugroute eingeschlagen haben.

In den drei Tagen, die ich auf den Scillies verbrachte, habe ich etwa 80 Vogelarten gesehen, darunter ein halbes Dutzend, für deren Sichtung ich sonst um die halbe Welt hätte reisen müssen: Schieferdrosseln und Petschorapieper aus Sibirien östlich des Jennissei, Rosenstare vom Kaspischen Meer, Waldammern aus Nordskandinavien.

Alle diese Raritäten, und etliche andere der gesichteten rund 80 Arten, hätte ich vermutlich nie identifiziert, wäre ich allein unterwegs gewesen. Zum Glück

Was es wohl zu sehen gibt?
Die Helgoländer Vogeltage sind ein Event, das immer mehr junge Leute anzieht. Hier stapft ein technisch hochgerüsteter Trupp über den Nordstrand

hatte ich Gelegenheit, zwei erfahrene und ortskundige britische Birder zu begleiten. Diese waren, anders als ich, mit Spektiven ausgerüstet, die um ein Vielfaches stärker vergrößerten als mein Fernglas.

Was Dick und Jim aus London mir aber vor allem voraushatten, war ihr Blick. Die meisten Vögel entdeckten sie nicht nur früher als ich, sondern benannten sie im Vorübergehen, ohne auch nur das Fernglas zu heben. Und wenn sie genauer hinschauen mussten, stand ihr Urteil meist schon nach zwei, drei Sekunden fest: Rotschenkel. Zwergschnepfe. Grauschnäpper. Merlin. Meist blieb mir dann nur, reflexartig die immer gleiche Frage zu stellen: „Woran habt ihr den jetzt erkannt?" Worauf ich in der Regel die immer gleiche Antwort bekam: „It's the jizz."

In einer Beobachtungspause erklärten mir Jim und Dick den Ursprung dieses Begriffs, und diese Geschichte klang fast noch seltsamer als das Wort selbst. Jizz, so die beiden Vogelfreunde, sei die Abwandlung einer militärischen Abkürzung, die von Piloten der Luftwaffe im Zweiten Weltkrieg geprägt wurde. Diese seien darauf trainiert worden, gesichtete Flugobjekte während ihrer Kampfeinsätze blitzschnell als feindlich oder den eigenen Truppen zugehörig zu erkennen – anhand einer Methode, die abgekürzt GISS hieß, oder ausgeschrieben: General Impression of Size and Shape. Die Technik, Flugobjekte anhand des Gesamteindrucks aus Größe und Form zu erfassen, hätten sich dann später auch Birder angeeignet.

Dieser Wortursprung ist allerdings, so las ich vor Kurzem, umstritten. Es gibt noch eine andere Theorie, nach der das Birder-Buzzword direkt auf den deutschen Begriff „Gestalt" zurückgeht: Dieser hat in den 1920er-Jahren aus der Fachsprache der Psychotherapie ins Englische Eingang gefunden und hält sich dort bis heute.

„Gestalt" bezeichnet, ebenso wie das daraus womöglich abgeleitete Jizz, mehr als nur die Kombination aus Größe und Form eines beobachteten Objekts. Es schließt auch dessen Habitus ein, seine Haltung, die Art, wie es sich bewegt. Wer Vögel beobachtet, der achtet, zum Beispiel, auf die charakteristische Sitzposition eines Vogels, auf die Frequenz seines Flügelschlags und natürlich auf auffällige Ticks wie Schwanzwippen oder Knicksen.

Stare zum Beispiel sind wie geschaffen, die Bedeutung von Jizz zu demonstrieren. Vor allem dann, wenn sie gemeinsam mit Amseln zu sehen sind – was gar nicht selten vorkommt, weil beide Arten sich gern auf kurz gemähten Rasenflächen zur Futtersuche niederlassen. Beide Vögel sind fast gleich groß, haben schwarzes Gefieder und einen gelben Schnabel. Trotzdem sind sie, anhand ihres Jizz, auch ohne Fernglas leicht zu unterscheiden: Amseln bewegen sich meist in kaskadenartigen, schnellen Trippelschritten

Unter Kundigen
Verbindet Hobby mit Beruf: Thiemo Karwinkel ist wissenschaftlicher Mitarbeiter am Institut für Vogelforschung auf der Helgoländer Vogelwarte

Jahrzehntealte Liebe
Schon mehr als 20-mal ist Hans Pelny, Kartograf aus dem Wendland, zum Vogelbeobachten nach Helgoland gekommen – hier auf der »Düne« stehen die Chancen gut

Dieser Moment, wenn eine unbekannte Silhouette im Luftraum auftaucht – das hat etwas Elektrisierendes

Präpariert
Auch so werden heute noch Vögel betrachtet: ausgestopft und ausgestellt. Diese Exemplare hat Fotografin Sofia Brandes in der Ornithologischen Sammlung des Museum Koenig in Bonn aufgetan

Auf der Lauer
Bisweilen kommen Birder verdächtig daher, wie hier bei den Vogeltagen. Aber keine Sorge, die tun nichts – die wollen nur Vögel beobachten

»Rt« für Ringeltaube
Beim »Birdrace« sind innerhalb von 24 Stunden so viele Arten wie möglich zu bestimmen. Dieser Sichtungsathlet hat seine Funde abgekürzt

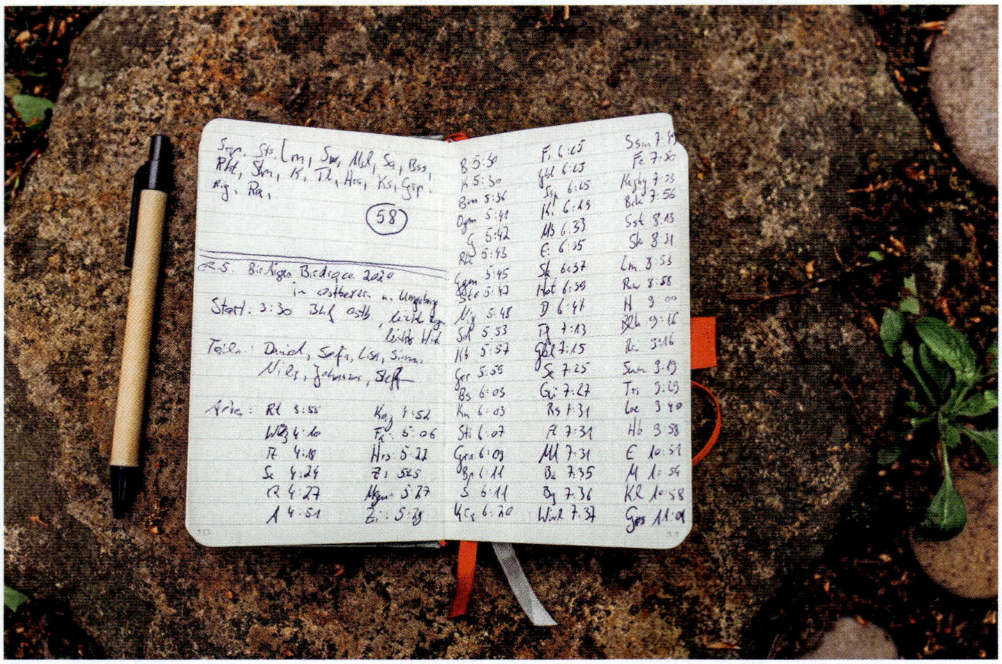

oder Hüpfern vorwärts. Und nach jeder Kaskade verharren sie einen Moment fast reglos, den Kopf wachsam erhoben, während der Schwanz sich langsam hebt und wieder senkt. Stare dagegen sind fast ständig in Bewegung; sie hüpfen und trippeln nie, sondern schreiten, ein Bein vors andere, gemächlich, aber stetig, den Blick meist zu Boden gerichtet. Und sie halten nur inne, um mit dem Schnabel kurz nach einer Insektenlarve zu stochern.

Der Schwanz ist vielleicht das ausdrucksvollste Jizz-Merkmal überhaupt, bei großen wie bei kleinen Vögeln: Bei der Bachstelze wippt er, lang und dünn, unablässig auf und ab wie eine Kompassnadel, bei Rotschwänzen zittert er wie eine kurz angeschlagene Saite, vor allem nachdem die Vögel geknickst haben – ein weiterer Tick, der sie selbst aus großer Entfernung leicht erkennbar macht. Bei Schwanzmeisen ist das namensgebende Körperteil so auffallend lang, dass die Vögel im Flug aussehen wie winzige Stielpfannen.

Die Art, wie ein Vogel fliegt, ist oft verräterischer als das Bild, das er im Sitzen abgibt. Graureiher sind von großen Greifvögeln auf Anhieb zu unterscheiden, weil sie nie segeln, sondern ihre leicht gebogenen Flügel relativ langsam und träge auf und ab bewegen. Eichelhäher wiederum fliegen weniger, als dass sie ihre Flügel unregelmäßig auf- und zuklappen; sie benutzen sie meist auch nur, um ein paar Dutzend Meter zwischen zwei Bäumen zu überbrücken. Und wenn ein Vogel mit schmalen, spitz zulaufenden Schwingen so heftig und schnell flattert, dass er in der Luft auf der Stelle verharrt – „rütteln" heißt das in der Fachsprache der Birder –, dann handelt es sich mit Sicherheit um einen Turmfalken.

Ich bin bis heute nicht imstande, einen Merlin oder einen Grauschnäpper allein anhand ihres Jizz zu bestimmen. Die Zahl der Vögel, die ich reflexartig erkenne, ist überschaubar geblieben, auch nach 40 Jahren Beobachtungspraxis. Das liegt vor allem daran, dass ich zu einer anderen Spezies von Vogelbeobachtenden gehöre als Dick und Jim und viele andere, die ich seither kennengelernt habe. Denn diese beobachten nicht nur viel häufiger und intensiver als ich, sondern sind vor allem auch darauf aus, seltene Arten zu sichten, vorzugsweise solche, die sie noch nie zuvor gesehen haben.

Ich finde es auch aufregend, neue Vögel zu entdecken. Dieser Moment, in dem eine ungewöhnliche Silhouette im Luftraum auftaucht, ein fremder Laut aus einem Chor vertrauter Stimmen heraussticht – das hat etwas Elektrisierendes. Wenn es einem dann auch noch gelingt, den Vogel zu bestimmen, löst das ein Hochgefühl aus, einen Kick, nach dem man süchtig werden kann.

Sosehr ich solche Kicks genieße – ich brauche sie nicht unbedingt. Genauso wenig, wie es mich reizt, jede Woche neue Bekanntschaften zu schließen. Oft erschöpft sich das Kennenlernen ja in einem kurzen Blickkontakt, ein paar belanglosen Sätzen, dem Hinzufügen eines Namens auf irgendeiner Liste.

So geht es mir mit dem Petschorapieper, der Schieferdrossel und der Waldammer, die ich damals auf den Scilly-Inseln gesehen habe. So großartig es war, diesen Vögeln überhaupt zu begegnen – ich habe nicht das Gefühl, sie dabei wirklich kennengelernt zu haben. Weil ich sie nur ein einziges Mal für ein paar Minuten wahrgenommen habe, inmitten eines Palisadenzauns aus Teleskopstativen und aufgeregt klickenden Kameras – und dann nie wieder.

Wenn ich in einem Wort zusammenfassen sollte, was das Schönste am Vögelbeobachten ist, dann würde ich sagen: das Wiedererkennen. Durch die Landschaft gehen und dabei immer wieder auf mehr oder weniger vertraute Gestalten zu treffen. Bei den häufigeren Arten habe ich mittlerweile eine gewisse Routine im Erkennen und Benennen; langweilig wird mir beim Beobachten trotzdem nie. Zum einen, weil sich der Kreis der Bekannten mit der Zeit stetig erweitert, um „Zugezogene" und um Unauffällige, die erst nach einem halben Dutzend Sichtungen ihre Identität preisgeben. Zum anderen, weil ich auch bei denen, die mir seit Jahrzehnten vertraut sind, immer wieder neue Seiten entdecke.

Neulich erst wieder, an einem grauen Nachmittag im Januar. Ich war in einer Arbeitspause kurz auf den Balkon getreten, da hörte ich aus einer Baumkrone im Garten ein kurioses Geräusch: eine Art Glissando, wie es beispielsweise Violinspielerinnen erzeugen, wenn sie den Finger auf einer angestrichenen Saite stufenlos über das Griffbrett gleiten lassen. Ein leises, sehr hoch einsetzendes Ab und wieder Auf, gefolgt von einem tieferen, einem wenig rauen, ebenso leisen schnuckschnack-schnuck.

In der Baumkrone saßen mehrere Elstern, die anders als sonst nicht aufgeregt schackernd herumhüpften, sondern still beieinanderhockten. Und dabei gaben sie diese Laute von sich, die zumindest in meinen Ohren entspannt, neckend und zärtlich klangen. „Comfort sounds" nennen wir diese Art von Lauten, die selbst die Geübten und Aufmerksamen unter uns nicht oft zu hören bekommen, denn Vögel äußern sie nur in jenen Momenten, in denen sie sich völlig sicher und ungestört fühlen.

Die Elstern, wachsam wie sie sind, hatten mich natürlich gesehen. Aber sie blieben ungerührt dort sitzen, leise vor sich hin schnuckselnd und glissandierend.

Vielleicht weil ich ihnen, nach so vielen Besuchen in unserem Garten, mittlerweile ähnlich vertraut war, wie sie es mir sind. ■

Sie schwirren federleicht durch die Nebelwälder Amerikas, doch in Wahrheit sind Kolibris Kraftsportler im Vogelreich: Ihre kunstvollen Flugmanöver von Blüte zu Blüte fordern stetigen Nachschub an Nektar

GEWOHNHEITSTIER

Der Grüne Schattenkolibri ist ein »trap liner«: Wie ein nordamerikanischer Trapper seine Fallen, so kontrolliert der südamerikanische Vogel regelmäßig die immer gleichen Blüten auf Nektar. Diese können weit auseinanderliegen, trotzdem ist die Strategie sinnvoll: Der Kolibri kann sicher sein, dort Futter zu finden

Das schwere Los der Schwerelosen

Fotos: **Ingo Arndt** Text: **Anke Sparmann**

AUF DER STELLE

Der Grünbrust-Mangokolibri kann, was außerhalb seiner Familie kaum eine Vogelart beherrscht: im Schwirrflug in der Luft stehen. Die Technik ist außer bei einigen Fledermäusen vor allem im Insektenreich verbreitet. Kolibris schweben wie Schmetterlinge, Libellen oder Bienen

Wohlfühl OASEN

Auftanken von Körper, Geist und Seele

Foto: Shutterstock | Diana Grytsku

Wer in seinem Urlaub in harmonischer Atmosphäre zur Ruhe kommen und aktiv Kraft tanken möchte, ist in erstklassigen Wohlfühloasen, die ihr Hauptaugenmerk auf ganzheitliche Erholung legen, bestens aufgehoben. Denn bei der bis ins kleinste Detail durchdachten, variantenreichen Palette an Verwöhn- und Regenerationsmöglichkeiten der hier präsentierten Häuser, die alle durch höchste Qualität und eine individuelle Note überzeugen, stehen Sie als erholungssuchender Mensch im Mittelpunkt. Sinnvolle, medizinisch fundierte Treatments, auf Ihre Bedürfnisse abgestimmte Aktivierungsprogramme und eine vitalisierende Küche bringen Ihren Körper und Geist in Balance. Genießen, loslassen, wohlfühlen: Werfen Sie einen Blick auf das hervorragende Angebot für Ihre Auszeit mit Mehrwert und wählen Sie Ihren persönlichen Wohlfühlspezialisten.

Impressum: Feldkircher Medienpartner GmbH, GF Walter Feldkircher, Kirchnerstraße 6, A-6111 Volders, www.feldkircher-medienpartner.com, FN 464135b – LG Innsbruck, ATU 73277367

MOHR LIFE RESORT ****S

Inspiriert von der Natur, im Kontrast der Elemente, liegt das Vier-Sterne-Superior Hotel MOHR life resort in Lermoos im Tiroler Außerfern. In einem der beliebtesten Wellnesshotels des Landes verbindet sich urbanes Design mit alpenländischer Idylle zu einer ganz besonderen Auszeit. Dafür sorgt neben großzügigen, extravagant ausgestatteten Zimmern und Suiten der 3.300 m² große Wellnessbereich mit freiem Blick auf die Zugspitze. Ein Blick, von dem man sicher nicht müde wird, weder im Indoorpool noch im Adults-only-Bereich, dem MOHR Escape. Ein Außengebäude, freistehend mitten im weitläufigen Garten mit lässigem Outdoor-Infinitypool, Panoramasaunen und kuscheligen Ruhebereichen. Hier fällt das süße Nichtstun ganz leicht. Und sollte es doch in den Füßen kribbeln, beginnen zahlreiche Wander-, Lauf- und Mountainbikestrecken vor der Haustüre.

WOW-Momente

Übrigens gehören zum Hotel auch 3 glasklare Bergseen.

Der türkisfarbene Blindsee sorgt im Sommer neben Erfrischung beim Schwimmen und Stand-up-Paddeln auch für WOW-Momente bei Tauchgängen in der beeindruckenden Unterwasserwelt.

Hotel MOHR life resort ****S
GmbH & Co. KG
Innsbrucker Str. 40
6631 Lermoos
Tirol, Österreich
T: +43 5673 2362
willkommen@mohr-life-resort.at
www.mohr-life-resort.at

HOTEL KRISTALL ****

Dem Alltag entfliehen. Kraft, Wohlbefinden & Herzensmomente tanken.
Eingebettet in die imposante Kulisse des Karwendelgebirges in Tirol liegt das Adults only Wellness- & Erholungshideaway Hotel Kristall****. Luxuriöse Suiten und kuschelige Doppelzimmer im modernen Design machen das familiengeführte Hotel zu einem echten Wohlfühl-Zuhause. Die Gäste werden mit heimischen Köstlichkeiten der Extraklasse verwöhnt – mit regionaler Küche und Wein aus dem familieneigenen Weinbaugebiet. Der völlig neue Spa-Bereich auf 2 Ebenen bietet unendliche Möglichkeiten zum Krafttanken: Eine Bergpanoramasauna mit spektakulärer Aussicht oder der beheizte Infinity-Rooftop-Pool lassen keine Wünsche offen. Entdeckungsspaziergänge zu kristallklaren Bergseen, Hüttenwanderungen oder Bike-Touren machen zudem müde Muskeln fit für den Frühling!

Exklusives Wohlfühloasen-Angebot:

ab 4 Übernachtungen von So – Fr schenken wir Ihnen 30 Minuten Entspannungsmassage pro Person!

Gültig im Zeitraum vom 30.04.–12.05. sowie 04.06.–30.06.2023

Hotel Kristall ****
Familie Pfeffel
Weidach 300 m
6105 Leutasch
Tirol, Österreich
T +43 5214 6319
anfrage@hotel-kristall.at
www.hotel-kristall.at
ATU76277146

HOTEL GIARDINO MARLING *****

Schon die Anreise zum Giardino Marling oberhalb von Meran gibt einen Vorgeschmack auf den idyllischen Charme des 5-Sterne-Hotels. In einer reizvollen Hanglage mit fantastischem Ausblick, umgeben von sattem Grün und den umliegenden Bergen, Tälern und Wäldern, sind mehr Ruhe, Inspiration und sonnige Lebensfreude kaum möglich. Gewiss gehört das Giardino mit seinem Interieur zu den schönsten Relaxadressen der Region. Warme Materialien und sanfte Farben, mit viel Gespür eingerichtet, um ein elegantes und dennoch gemütliches und behagliches Ambiente zu bieten. In den komfortablen Zimmern fühlt sich der Gast gleich willkommen: bezaubernde Räume, hell, luftig, mit edlen Möbeln und schönen Stoffen. Auch auf die ganz persönliche und individuelle Betreuung der Gäste wird großer Wert gelegt.

Pause vom Alltag
17.06.–15.07.2023

Einmal nichts müssen. Keine Termine, die uns dicht auf den Fersen sind, kein „Muss“ und kein „Soll“, das unseren Blick verengt. Bei einem Aufenthalt von 7 Tagen schenken wir Ihnen einen Wellnessgutschein von € 50,– pro Buchung.

Nähere Infos dazu finden Sie unter www.giardino-marling.com

Hotel Giardino Marling *****
Ulrike Klammer
St. Felixweg 18
39020 Marling bei Meran
Südtirol, Italien
T +39 0473 447177
info@giardino-marling.com
www.giardino-marling.com
IT01177650213

HOTEL PATRIZIA ****S

TRAUMHAFTE AUSSICHTEN. RUHE – GENUSS – WELLNESS
Mediterranes Flair inmitten von Obstplantagen, Palmen und Bergen. Relaxen, genießen und wieder aufatmen in exklusiven Logenplätzen der Natur. Links der imposante Ifinger, rechts der Vinschgau und zu Füßen die Kurstadt Meran und das weite Etschtal. Im Hotel: erlesenes Interieur, helle, luftige Zimmer und Suiten, Wellness und Spa – weiche Inseln der Ruhe, großzügiger Panorama-Saunabereich im 4. Stock. Kreative Kochkunst, die den Gaumen verwöhnt. Unser Weinkeller – ein Traum für alle Weinliebhaber. Wandern, Golfen, Mountainbiken und vieles mehr inmitten einer atemberaubenden Naturkulisse. Veranstaltungen, Feste, kulturelle Highlights.

4 Gründe
für Ihren Südtirolurlaub bei uns:

1. *Traumhafte Aussichten*
2. *Wunderschöne Zimmer und exklusive Panoramasuiten mit Weitblick*
3. *Idealer Ausgangspunkt für Wanderungen und Spaziergänge*
4. *Unverwechselbare Kulinarik*

Mit „Patrizia Wellnessoase“ erhalten Sie auf die erste Nacht einen Rabatt von 5 %.

Hotel Patrizia ****S
Familie Florian Spögler
Lutzweg 5
39019 Dorf Tirol bei Meran
Südtirol, Italien
T +39 0473 923485
info@hotel-patrizia.it
www.hotel-patrizia.it
IT01191080215

© Quellenhof See Lodge – zulupictures

QUELLENHOF LUXURY RESORTS
IHRE SPA-HIDEAWAYS DELUXE

In Südtirol und in Lazise am wunderschönen Gardasee trifft man auf 5-Sterne-Luxusurlaub in mittlerweile dreifacher Ausgabe. Die **Quellenhof Luxury Resorts** vereinen in perfekter Harmonie Südtiroler Herzlichkeit und das typische italienische Lebensgefühl „la dolce vita“.

Das Mutterhaus, das **Quellenhof Luxury Resort Passeier,** liegt im wunderschönen Passeiertal in Südtirol, knapp 15 Autominuten von Meran entfernt. Im Frühjahr 2019 entstand dann in Lazise am wunderschönen Gardasee das neue Resort von Familie Dorfer, das **Quellenhof Luxury Resort Lazise**. Heuer neu dazugekommen ist das brandneue Juwel, die kleine und schicke **Quellenhof See Lodge** (adults only) in Südtirol.

Das **Quellenhof Resort** in **Südtirol** verfügt auf 10.500 m^2 Spa-Bereich über insgesamt 23 Saunen, darunter die mehrfach preisgekrönte See-Event-Sauna mit Show-Aufgüssen. Um dem Alltag davonzuschwimmen, sorgt eine einzigartige Wasserlandschaft mit 12 beheizten Indoor- und Outdoorpools für den notwendigen Badespaß. Im Acqua Family Parc tobt das pure Leben. Dieser abenteuerliche Wasserpark – Südtirols größter – erfreut nicht nur die kleinen Gäste! Auch im großzügigen Spa des **Quellenhof Luxury Resort Lazise** wird den Gästen auf 2.000 m^2 Wellness & SPA vom Feinsten geboten. Seit April erwartet Sie in Südtirol die neue **Quellenhof See Lodge**, ein Wohlfühlort nur für Erwachsene (ab 14 Jahren). In perfekter Harmonie spiegelt sich im 4.500 m^2 großen See eine atemberaubende alpine Kulisse, gepaart mit dem mediterranen Flair des leicht maledivisch anmutenden Luxushotels.

Ausgezeichnetes kulinarisches Angebot

Neben einem exklusiven und vielfältigen Wellness- & Spa-Angebot, welches sowohl in Südtirol wie auch in Lazise seinesgleichen sucht, bestechen alle drei Resorts durch ihr ausgezeichnetes kulinarisches Angebot.

Quellenhof Luxury Resorts
Südtirol | Gardasee, Italien
Familie Dorfer
www.quellenhof-resorts.it

HOTEL CASTEL *****

Wo entspannen Sie am liebsten? Bei einer Auszeit im Hotel Castel.

Der vergangene große Umbau macht das Castel***** endgültig zum Sehnsuchtsort im mit über **300 Sonnentagen** gesegneten Südtirol. Machen Sie es zu Ihrem neuen Lieblingsort in absolut ruhiger Lage oberhalb von Meran.

Mit nur 25 Zimmern und 20 Suiten ist das Castel ein mediterranes Urlaubsdomizil für Menschen, die **persönlichen Service**, ungezwungenen Luxus und Großzügigkeit schätzen. Viel Privatsphäre, die **traumhafte Lage und die beste Hotelküche** machen es einzigartig.

Highlights: Im **Meranesse fine Spa** verbringt man nach Lust und Laune entspannte Stunden. Ob erfrischend in den **verschiedenen Pools**, Erlebnisduschen und dem Kneippbecken, wohltuend im **großzügigen Saunabereich** oder regenerativ bei einem Treatment.
Abends locken die **zwei Restaurants mit wunderschöner Aussicht** die begeisterten Gäste. Während man täglich wechselnd **à la carte** (im Zimmerpreis inklusive) genießt, erlebt man im **2-Sterne-Restaurant** Castel finedining ganz besondere Gaumenfreuden.

Entdecken & profitieren:

Exklusiv als Leser des Magazins erhalten Sie ***€ 500,– als Gutschein zum Kennenlernen.*** *Genießen Sie damit eine schöne und genussvolle Auszeit.*

Sichern Sie sich Ihren Gutschein *mit dem Code* ***AUSZEIT-500*** *unter www.hotel-castel.com/welcome2023*

Hotel Castel GmbH *****
GF Daniel Dobitsch
Keschtngasse 18
39019 Tirol bei Meran
Südtirol, Italien
T +39 0473 923693
info@hotel-castel.com
www.hotel-castel.com
IT02252660218

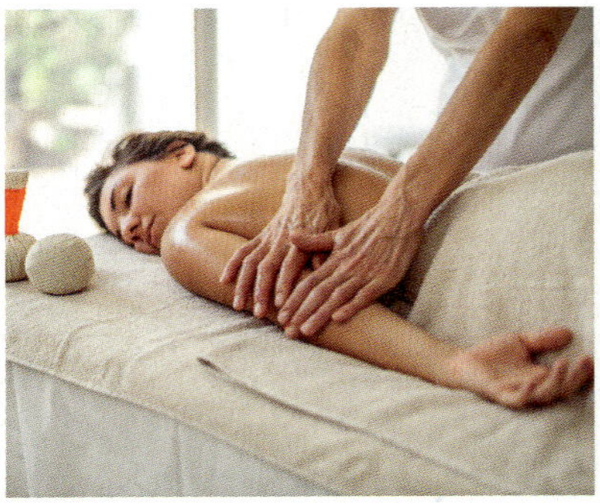

Das Cristal Wellness- und Beautyprogramm

Während Ihrer Wellnessferien profitieren Sie von unseren Wellnesspaketen und den unzähligen Highlights in unserem neu erweiterten Spa. Nähere Infos finden Sie auf unserer Homepage.

HOTEL CRISTAL ****S

Schauen Sie sich um und genießen Sie den herrlichen Ausblick von den märchenhaften Zimmern oder der Liegeterrasse auf die traumhafte Bergwelt von Rosengarten und Latemar. Einer der nahen Gipfel heißt übrigens Bellamonte, viele weitere zählen zu den schönsten Wanderbergen überhaupt. Natürlich finden Sie hier Ihr Paradies zum Wandern, zum Biken und für den Naturgenuss. Und wie wär's mit Golf auf 1.200 Metern? Südtirols schönste 18-Loch-Anlage lädt ein zu Ferien mit Drive.

Weiters zählt zu den schönen Aussichten jene auf kulinarische Topqualität: Ein hervorragendes Küchenteam begeistert mit Gustostückerln aus dem Genussland Südtirol ebenso wie mit internationalen Köstlichkeiten.

Hotel Cristal ****S
Familie Thaler
Obereggen 31
39050 Deutschnofen
Südtirol, Italien
T +39 0471 615511
info@hotelcristal.com
www.hotelcristal.com

Wellnessanwendungen

Wir empfehlen Ihnen, sich während Ihres Aufenthaltes eine der vielen Wellnessanwendungen zu gönnen, wie z. B.:
- Alpine Kräuterölmassage ca. 50 min
- Gesichtsbehandlung ca. 80 min
- Pediküre ca. 80 min

Wir verwenden dabei ausschließlich regionale kosmetische Produkte.

HOTEL CHALET TIANES ****S – ALPINE RELAX

Ihr alpines Relaxhotel in den Dolomiten. Ruhig gelegen und umgeben von einer herrlichen Naturlandschaft bieten wir Ihnen im Chalet Tianes einen Relaxurlaub, bei dem Sie neue Kraft für Ihren Alltag tanken können. Unweit vom Wanderparadies der Seiser Alm sowie der traumhaften Dolomitenpanoramen des Grödner Tales entfernt, gibt Ihnen unser Hotel die Möglichkeit, etwas abseits des Rummels zu entspannen. Die großzügige Wellnessoase des Hotels mit sonniger Liegewiese inmitten der Bergwiesen ist ideal dafür. Patrick, der Juniorchef des Hauses, betreut die Küche und wird Sie mit einer Mischung aus feinen mediterranen Gerichten und herzhaften Südtiroler Schmankerln verwöhnen. Und aus der umfangreichen Weinkarte können Sie dazu immer einen schönen Wein aussuchen!

Hotel Chalet Tianes – Alpine Relax ****S
Familie Piccolruaz
St. Michael 3/2
39040 Kastelruth
Südtirol, Italien
T +39 0471 708082
info@hotel-tianes.com
www.hotel-tianes.com

THE PANORAMIC LODGE
DER KÜGLERHOF ****S

Wer beim Küglerhof ankommt, hält erstmal den Atem an: Die Lage und der Ausblick hinunter ins Etschtal, hinüber nach Marling und hinauf nach Hafling sind spektakulär. Aber nicht nur die Lage ist „breathtaking" – auch die Atmosphäre des Küglerhofes, die exklusives Stilgefühl und höchsten Anspruch mit Ungezwungenheit und lässigem Luxus vereint, ist einzigartig. Die Lässigkeit spiegelt sich auch im coolen, modernen Interieur wider, dessen Stein- und Erdfarben die umliegende Natur unprätentiös und selbstverständlich ins Haus holen. Es ist diese Perfektion der Leichtigkeit und des Frohsinns, die den Küglerhof so besonders macht. Unvergessliche Genusserlebnisse bietet die Küche, in der in einer exquisiten kulinarischen Interpretation Südtiroler Gerichte verfeinert und mit den Aromen der italienischen Küche gepaart werden.

Unsere Spezialangebote für Sie:
- Personal Trainer auf Wunsch
- Yoga
- Pilates
- Waldbaden
- Qigong
und vieles mehr

Longstay-Ermäßigung:
10 % Longstay-Rabatt bei einem Aufenthalt ab 9 Nächten sowie je einen € 50,– Spa-Gutschein pro Erwachsenem
(nicht übertragbar)

The Panoramic Lodge
Der Küglerhof ****S
Familie Dilitz
Haslachstraße 82
39019 Dorf Tirol bei Meran
Südtirol, Italien
T +39 0473 923399
info@kueglerhof.it
www.kueglerhof.it
IT02963940214

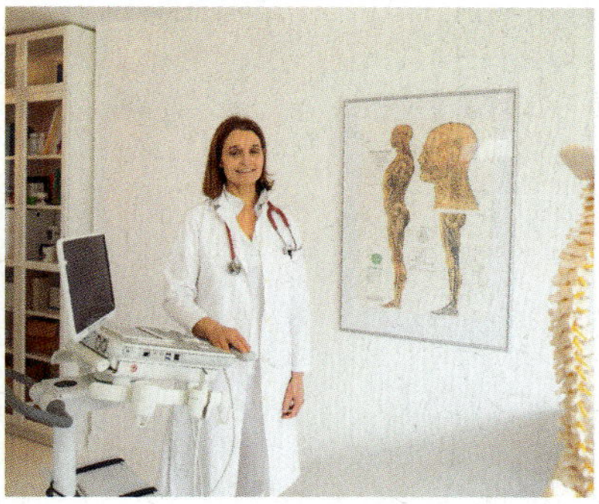

HOTEL PAZEIDER ****
BIO GOURMET HEALTH RETREAT

Inmitten eigener Obstwiesen, Weingärten und des vielgeliebten Permakulturgartens liegt der Erbhof Pazeider, der seit über 200 Jahren im Besitz der Familie Kofler ist. Mit viel Liebe geführt und immer wieder schonend erneuert, ist er eine Wohlfühloase der besonderen Art.
Unsere biologische Küche mit eigenem Obst und Gemüse und täglich frischgebackenem Brot aus dem Holzofen sowie unser exklusiver Weinkeller werden Sie begeistern! Das Spa-Team sorgt mit Ayurvedaanwendungen (zeitweise anwesender Ayurveda-Arzt), therapeutischen und relaxenden Massagen sowie wunderbaren Pflegeprodukten für Entspannung und Wohlbefinden.

Unser Medical Center

(Rehabilitation, moderne Mayr-Medizin, Physiotherapie, Psychologie u. a.) begleitet Sie auch bei medizinischen Fragestellungen.

Mit dem Gutscheincode „Pazeiderzeit-2023" erhalten Sie einen Wellness-Gutschein von € 50,–

Bio- & Wellnesshotel Pazeider ****
Nörder-Straße 32
39020 Marling bei Meran
Südtirol, Italien
T +39 0473 448740
info@pazeider.com
www.pazeider.com
IT03042070213

Ein Ort, so einzigartig wie kostbar.
Lassen Sie sich begeistern – und entdecken Sie Ihre Sommer-Poleposition in einzigartiger ALLEINLAGE zwischen Berg & See. Im charakterstarken Adults-Only-Hotel am Tiroler Achensee.
DAS KRONTHALER
Alpine Lifestyle Hotel
daskronthaler.com

NEKTAR UND POLLEN

Bestäuber unter sich: Ein Braunbauch-Brillantkolibri und eine Biene im Anflug auf eine Blüte in den ecuadorianischen Anden. Rund 8000 amerikanische Pflanzenarten sind auf die winzigen Vögel angewiesen, um sich fortzupflanzen

Vor allem anderen sind Kolibris:

Poesie der Natur und technischer Superlativ der Schöpfung. Sie sind die Kleinsten im Vogelreich: Eine Art namens Bienenelfe misst, mitsamt dem Schnabel und den Schwanzfedern, etwa sechs Zentimeter und wiegt kaum zwei Gramm – halb so viel wie eine Zehncentmünze.

Kolibris können wie Hubschrauber in der Luft stehen, im Sturzflug erreichen sie fast 100 Stundenkilometer, sie vollführen Flugmanöver, so wendig, so blitzartig, wie es wohl keinem anderen Wirbeltier gelingt – als einzige Vogelfamilie inklusive Rückwärtsflug. Und Arten wie die Violettkronennymphe – ein fliegendes Juwel – gehören zu den schönsten Gefiederten überhaupt.

Dank neuer Technik ist die Forschung den Geheimnissen der Kolibris auf der Spur. Mit Hochfrequenzkameras zum Beispiel lassen sich jene Flugtechniken erkennen, die sonst in ihrer wirbelnden Geschwindigkeit dem menschlichen Auge verborgen blieben.

Und sogar die Schönheit der Kolibris lässt sich erklären; sie ist keineswegs eine bloße Laune der Natur. Doch dazu später.

Bis zu 80 Mal schlagen die Kolibriflügel in der Sekunde, an die 250 Mal pocht das winzige Herz einiger Arten pro Minute beim Rasten, 1200 Mal und mehr im Schwirrflug. Die scheinbar unbeschwerte Flitzerei zählt zu den kraftraubendsten Aktivitäten im Tierreich. Noch so ein Superlativ.

Eine Biologin hat errechnet, dass ein Mensch, würde er sich vergleichbar verausgaben, 300 Hamburger am Tag essen müsste. Kolibris beziehen ihre Energie vor allem aus Blütennektar. Täglich schleusen sie etwa das Dreifache ihres Eigengewichts durch den Minikörper.

Dabei verbrennen sie einen großen Teil dieses Treibstoffs, noch während sie ihn gewinnen. Auf der Stelle zu fliegen ist nämlich weitaus aufwendiger, als blitzschnell durch die Luft zu sausen. Und um Zuckerwasser aus Blütenkelchen zu schlürfen, müssen die Kolibris in der Luft stehen wie Nachtfalter vor der Blüte. Energetisch betrachtet, ist das so, als würde man beim Tanken Vollgas geben.

Reserven bilden die meisten Kolibris kaum, denn jedes Fettpölsterchen muss schließlich mitgeschleppt werden. Andererseits können wandernde Arten vor dem Flug in die Brut- oder Überwinterungsgebiete in kurzer Zeit ihren Fettanteil verdoppeln. So ausgestattet, schafft zum Beispiel der Rubinkehlkolibri sogar eine 3000-Kilometer-Reise nonstop, inklusive der 1000 Kilometer über den Golf von Mexiko.

KÜNSTLER DER ANPASSUNG

Mit ihren Schnabelformen haben sich viele Kolibriarten an die Form einer bestimmten Blüte angepasst. Das verschafft ihnen einen Vorteil beim Nektarschlürfen, kann aber bei Umweltveränderungen zum Problem werden. Von oben: Adlerschnabel mit Centropogon-Blüte, Langschwanz-Schattenkolibri mit Heliconie, Rubinkehlkolibri mit Kardinals-Lobelie, Bienenelfe mit Raublattgewächs

Und trotzdem:

Die Energiebilanz der Kolibris ist bis an das Limit optimiert. Was allerdings bedeutet, dass der Hochleistungsorganismus pausenlos Treibstoff benötigt. Zwei Stunden ohne Zucker, und um den Vogel ist's geschehen. Er verhungert. Ein Leben konstant im Grenzbereich, im festen Vertrauen darauf, dass die Natur just in time für Nachschub sorgt.

Woher aber nehmen Kolibris dann die Kraft, Nachwuchs großzuziehen? Und: Wie überleben sie die Nacht? Das sind Fragen, auf die sich in freier Natur nur schwer Antworten

Während die viktorianische Gesellschaft sich an der ***schimmernden Pracht der Gefieder ergötzte,*** *trieb deren Schönheit ein Genie zur Verzweiflung:*
Charles Darwin

finden lassen. Es ist kaum möglich, den winzigen gefiederten Blitzen im Nebelwald zu folgen.

Der Weltvogelpark im niedersächsischen Walsrode ist einer der wenigen Orte, an denen die schwierige Haltung und sogar die Zucht der Kolibris routinemäßig gelingt. In den Glasvolieren des Kolibrihauses herrschen tropische Temperaturen.

Nähert man sich der Scheibe, dann tauchen die Vögel auf wie aus dem Nichts. Man sieht sie nicht kommen, das menschliche Auge ist zu träge, um die Bewegungen eines Kolibris aufzulösen. Die schlagenden Flügel: lediglich ein verwischter Grauschleier. Aber hören kann man sie, die Flügel knattern wie Flaggen im Wind, wenn auch ganz leise.

Kolibris führen ein Einzelgängerdasein; auch im Walsroder Park hat jedes Exemplar seine eigene Voliere. Sie würden sich auf jeden Konkurrenten stürzen, der sich in ihr Territorium wagte. Draußen in der Natur wachen sie eifersüchtig über rund 200 Blüten in ihrem Reich. Zwischen ihnen schießen die Vögel hin und her – wobei sie offenbar genau wissen, welche Kelche sie kürzlich leer geschlürft und welche bereits wieder Nektar gebildet haben.

Zweimal täglich stehen Pfleger in Walsrode in der blitzsauberen Kolibriküche, rühren einen Cocktail aus Glukose, Fruktose und Saccharose an und füllen ihn in Trinkkanülen. Über den Konsum jedes ihrer etwa einhundert Schützlinge führen sie genau Buch. In der Regel trinkt ein Kolibri täglich 15 Milliliter. Abweichungen sind entweder Anlass zur Sorge. Oder Zeichen dafür, dass ein Weibchen mit der Brut begonnen hat.

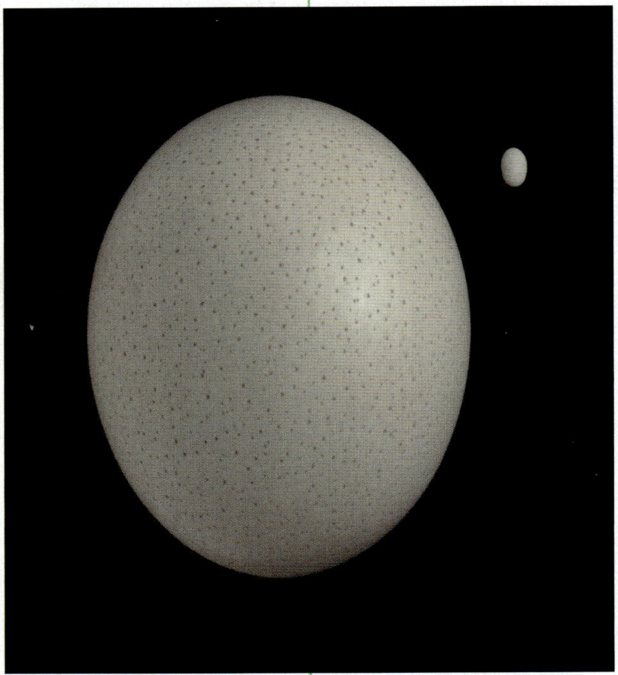

REKORDHALTER

Der Strauß legt das größte Ei im Vogelreich, der Kolibri das kleinste. Im Verhältnis zur Körpergröße aber ist es wieder der Winzling, der zur Höchstform aufläuft: Ein Ei macht etwa ein Achtel des Gewichts eines Kolibriweibchens aus

Um halb sieben am Abend beginnt ein Ritual, das die Tiere sicher durch die Nacht bringen soll: Das Licht wird stufenweise heruntergedimmt. Die Temperatur im Kolibrihaus sinkt, die Luftfeuchtigkeit steigt, von 60 auf 80 Prozent.

Es ist die technische Simulation einer anbrechenden Tropennacht. Für Kolibris sind diese Umweltveränderungen untrügliche Signale. Sie setzen sich auf einen Zweig und fallen in einen Zustand, den Biologen „Torpor" nennen: Die Herzfrequenz der Vögel, besonders jener aus kühleren Bergregionen, sinkt von mehreren Hundert auf 40 Schläge pro Minute oder weniger, ihre Körpertemperatur fällt von 42 auf 13 Grad Celsius, wie beim Rubinkehlkolibri. Insgesamt verbraucht der Organismus in diesem nächtlichen Ruhemodus nur noch ein Zehntel der Energie, die er während der Tagstunden verheizt.

Ein Schreck allerdings, und der Organismus fährt wieder hoch. Nach rund 20 Minuten läuft der Turbo-Stoffwechsel erneut auf Touren, was fatal ist, denn in der Dunkelheit kann der Vogel seinen Schnabel nicht in einen Blütentrichter einfädeln. Im Kolibrihaus brennt deshalb bis zum Dämmern jedes neuen Morgens ein fahles Licht. In dessen Schein die Trinkkanüle zu finden stellt für einen jäh erwachten Kolibri die einzige Chance dar, dem Hungertod zu entrinnen. Unter freiem Himmel wäre der Mondschein seine letzte Hoffnung.

Ein Wunderwerk der Vogel-Evolution

Illustration: **Cyprian Lothringer**

MIKROPUMPE

Mit den flexiblen Enden ihrer gespaltenen Zunge lecken Kolibris blitzschnell Nektar auf, mit dem sich die beiden Längsfurchen füllen (a)

Von der Spitze her werden die Furchen zusammengedrückt (b), bilden Röhrchen (c), der Nektar fließt Richtung Schnabel. Mit Zungenbeinhörnern ist die Zunge im Kopf verankert

KRAFTPAKET

Die Brustmuskulatur macht bei Kolibris fast ein Drittel ihres Körpergewichts aus. Mit ihr können einige Arten bis zu 80 Mal pro Sekunde mit den Flügeln schlagen. Das erfordert viel Luft: Herz und Lunge sind verhältnismäßig riesig

LEICHTBAU

Der Schwirrflug ist durch ihre besonderen, sichelförmigen Flügel möglich: Ober- und Unterarmknochen sind verkürzt, der Handknochen ist verlängert. Kolibris fliegen vor allem mit den zehn langen Handschwingen

KUNSTFLIEGER

Erst Hochfrequenzkameras und Zeitlupenaufnahmen offenbarten, wie agil Kolibris fliegen – der Flügelschlag ist zu schnell für das menschliche Auge, selbst bei moderaten Geschwindigkeiten

HÖCHSTLEISTUNG

Im Verhältnis zu ihrer Körpergröße sind Kolibris die schnellsten Wirbeltiere der Welt: Im Sturzflug erreichen sie Geschwindigkeiten von fast 100 Kilometern pro Stunde

SCHWIRRFLUG

Die Flügel beschreiben eine liegende Acht. So erzeugen Kolibris, anders als sonstige Vögel, sowohl beim Auf- als auch beim Abwärtsschlagen der Flügel Auftrieb: Sie können in der Luft stehen

PARADEDISZIPLIN

Da die Gelenke extrem beweglich sind, können Kolibris ihre Flügel nahezu beliebig in verschiedene Richtungen verstellen. Das ermöglicht es ihnen, auch rückwärts zu fliegen

DIE NASE VORN

Von allen Kolibris hat der Schwertschnabel den längsten: Sein Mundwerkzeug macht mehr als die Hälfte seiner Körperlänge aus. Die kleinen Vögel sind perfekt an die Blüten angepasst, aus denen sie Nektar schlürfen. Trotzdem fangen alle Kolibris auch Insekten oder Spinnen

FLIEGENDE JUWELEN

373 Kolibriarten leben zwischen Alaska und Feuerland. Die meisten haben schimmerndes Gefieder, vor allem bei Männchen ist die Kehle bunt gefärbt wie bei dieser Weißbauchelfe. Der betörende Effekt beruht auf einem optischen Trick: Mehrere Schichten winziger Hornlamellen bedecken die Federn des Kolibris und werfen das Licht zurück. Je nach Einfallswinkel und Standpunkt des Betrachters nimmt dieser eine andere Farbe wahr

Ein absurd geschrumpfter Vogel, der wie eine Hummel fliegt und ***von den Nektarpfützen in Blütenkelchen satt*** *wird:* Der Kolibri ist ein Paradebeispiel der Evolution

Etwa 370 Kolibriarten leben auf dem amerikanischen Kontinent, vor allem im Süden. Entdeckt wurden die meisten Spezies im 19. Jahrhundert. Regelrecht vernarrt in die Winzlinge war ein britischer Ornithologe namens John Gould. Obsessiv sammelte er die exotischen Vögel, die Forscher und Händler zu Abertausenden von ihren Reisen heimbrachten.

Auf ihre komplizierte Haltung verstand sich damals niemand. Aber Kolibris sind noch im Tode herzzerreißend schön. 1500 ausgestopfte Kolibris präsentierte Gould in einem eigens errichteten Pavillon im Londoner Zoo. Während die viktorianische Gesellschaft sich an der schimmernden Pracht der Gefieder ergötzte, trieb deren Schönheit ein Genie zur Verzweiflung: Charles Darwin. Ihm würde beim Anblick eines Pfauenschwanzes schlecht, bekannte der Naturforscher; gleiches galt für die bunten, wie Perlmutt glänzenden Kolibrikleider.

Darwins Hauptwerk „Über die Entstehung der Arten" war da gerade erschienen. Nach seiner Theorie der natürlichen Auslese lassen sich Merkmale jeweils als Anpassung zugunsten einer höheren Überlebenstauglichkeit deuten. Auch Pracht, logisch, kostet. Das passte nicht in das gerade frisch entworfene Bild einer Natur, die beständig die Kosten eines neuen Merkmals gegen dessen Nutzen abwägt, auswählt und verwirft.

Tatsächlich aber, so die Erkenntnisse der modernen Biologie, sind Kolibris in vielerlei Hinsicht Paradebeispiele für das Wirken der Evolution. Ein absurd geschrumpfter Vogel, der wie eine Hummel fliegt, weil er sich einer eigentlich für Insekten bestimmten Umwelt angepasst hat. Denn das Blütennektarangebot richtet sich ja ursprünglich an Insekten; Pflanzen locken sie an, um ihnen ihre Pollen mit auf den Weg zu geben. Über Jahrmillionen morphte im Fall der Kolibris ein Vogelbauplan immer mehr zum Bauplan eines Insekts. Einen großen Vogel machen die Nektarpfützen in Blütenkelchen kaum satt; Kolibris wurden daher im Laufe der Evolution kleiner und kleiner und lernten, wie Insekten zu fliegen.

Welchen Reim sich Biologen heute auf die Schönheit machen? Einen Hinweis darauf findet man in Walsrode.

Kolibris ernähren sich nicht vom Nektar allein. In jeder Voliere steht ein Eimer mit gammeligen Bananen, Brutstätte für winzige Fruchtfliegen, von denen Kolibris rund 1000 pro Tag verputzen. In freier Natur fangen sie kleine Insekten und Spinnen. Weibchen benötigen die Proteinnahrung vor allem, um Eier zu legen und ihre Jungen großzuziehen.

Dass die Brutzeit begonnen hat, können die Pfleger im Weltvogelpark daran ablesen, dass der Nektarkonsum eines Kolibris rapide sinkt – im Nest zu hocken verbraucht nicht viel Energie. Jedes Gelege umfasst zwei Eier, klein wie Erbsen. Nach 15 bis 18 Tagen schlüpfen die Jungen. Von diesem Zeitpunkt an explodiert der Zuckerbedarf des Weibchens manchmal auf das Zehnfache seines Eigengewichts. Es muss nun mit Nektar, aber auch mit Fruchtfliegen den Nachwuchs päppeln.

RIESE UND ELFE

Der größte Kolibri, der Riesengnom, bringt es auf gut 22 Zentimeter Gesamtlänge. Sein kleinster Verwandter, die kubanische Bienenelfe, ist kaum größer als eine Hummelkönigin

Und die Kolibrimännchen? Sie beteiligen sich nicht an der Brutpflege. Fruchtfliegen fressen sie trotzdem. Daraus entsteht ein Überschuss an Energie. Die Männchen investieren ihn in spektakuläre Balzflüge. Und in prächtiges Gefieder. Ihre Schönheit dient offenbar hauptsächlich dazu, das Ansammeln von Körpermasse zu unterbinden, wie ein Ventil, das überschüssige Energie ableitet. Denn ein dicker Kolibri wäre undenkbar. Er könnte schließlich niemals seine akrobatischen Flugmanöver ausführen.

Die verschwenderisch anmutende Pracht der Kolibris: Sie ist eine schöne, schlaue Überlebensformel der Evolution. ■

Der Fluch der blauen

Eine Geschichte wie ein Krimi. Und eine Sensation im Artenschutz: Jahrzehnte nachdem die Spix-Aras wegen ihrer Schönheit in Brasiliens Wildnis ausgerottet wurden, gelang nun ihre Wiederansiedlung.

GEO hat das Projekt exklusiv begleitet

Text: **Katja Trippel**

Fotos: **Klaus Nigge**

DIE MENSCHEN im Bundesstaat Bahia im Nordosten Brasiliens feiern die Rückkehr der Papageien in ihre Heimat. In der Stadt Curaçá haben sie den Vögeln ein Denkmal am Straßenrand gesetzt

Federn

DIE FREIHEIT KANN WARTEN.

EINE STUNDE LASSEN DIE SPIX-ARAS vergehen, dann noch eine, sie bleiben lieber in der Käfiganlage. Dabei steht die Tür weit offen. Erst kurz nach neun, die Sonne brennt schon vom Himmel, wagt sich der erste hinaus. Ein schneller Flügelschlag, und er landet auf dem Futtertisch vor der Voliere. Blickt sich um und schüttelt sein schimmerndes Federkleid: blaugrau am Kopf, türkis am Bauch, azurblau vom Nacken bis zu seinen etwa 30 Zentimeter langen Schwanzfedern.

Es ist ein prächtiger Anblick. Und es ist ein historischer Moment. Denn die Auswilderung der blauen Aras gilt als Weltpremiere: Zum ersten Mal in der Geschichte des Artenschutzes scheint es in diesem Juni des Jahres 2022 zu gelingen, eine in der Natur ausgerottete Spezies wieder in ihrem angestammten Lebensraum anzusiedeln – nach 40 Jahren, in denen kaum mehr Hoffnung für diese Vogelart bestand. Der Spix-Ara war stärker bedroht als der Große Panda und seltener als das Sumatra-Nashorn. Er drohte der Welt unwiederbringlich verloren zu gehen.

KURZ NACHDEM DER ERSTE SPIX sich in die Freiheit gewagt hat, folgen ihm fünf weitere, hinaus in die Caatinga, jene Landschaft mit dornigen Büschen und wenigen Bäumen, die einen Großteil Nordostbrasiliens bedeckt. „Weißer Wald" nennen die Einheimischen diese Savanne, weil sie in der staubigen Trockenzeit aussieht wie mit Mehl gepudert. Jetzt, Mitte Juni, ist noch alles grün. Der Zeitpunkt der Auswilderung wurde so geplant, dass in den Caraiba-Bäumen entlang der Bachläufe Früchte hängen.

Die blauen Aras sind zurück in ihrer Heimat, sie fliegen wieder am weiten Himmel der Caatinga. Und im Beobachtungszelt gegenüber der Voliere jubeln 25 Männer und Frauen, strahlend, mit Tränen in den Augen – aber leise, sie wollen die Vögel nicht erschrecken. Es sind Rangerinnen, Biologen, Beamtinnen, Sponsoren aus dem nahen Örtchen Curaçá und dem Rest der Welt.

Ein groß gewachsener Mann mit Dreitagebart und Prada-Sonnenbrille überragt sie alle hier im Zelt. Leise spricht er in sein Handy: „Jetzt sind fast alle draußen!" Das ist Martin Guth, er führt den Verein zur Rettung bedrohter Papageien, kurz ACTP, Association for the Conservation of Threatened Parrots. Seine größte Zuchtanlage hat der Verein in Tasdorf in Brandenburg, dort sind die ausgewilderten Spixe geschlüpft und aufgewachsen. Guth, Anfang 50, hat den Verein im Jahr 2006 gegründet, ein Team um sich geschart, finanzstarke Unterstützer aufgetan.

Er ist eine Persönlichkeit, die polarisiert. Er kam aus dem wissenschaftlichen Nichts, und doch gelang ihm, woran selbst hochkarätige Expertinnen und Experten gescheitert waren: Nachzucht und Auswilderung der Spix-Aras. Das löste Bewunderung aus – und weckte Missgunst. Medien bezichtigten ihn illegaler Vogeldeals, ohne je stichhaltige Beweise vorlegen zu können.

DASS DIESER VOGEL frei über der brasilianischen Caatinga-Savanne flattern darf, hat er dem Papageienzüchter Martin Guth aus Brandenburg zu verdanken

Sie haben ihn alle unterschätzt, Freunde wie Gegnerinnen.

Eine Kostbarkeit unter Papageien

DAS SCHICKSAL DES CHARISMATISCHEN Papageien inspirierte 20th Century Fox zu den Animationsfilmen „Rio" und den ARD-„Tatort" zu einem mörderischen Krimi. Dabei ist die wahre Spix-Geschichte selbst halb Drama, halb Ökothriller. Sie handelt von Vogelraub und Vogelzucht, von Leidenschaft und Neid, natürlich geht es auch um Geld, um viel Geld. Die Geschichte begann im Mai 1819, fast genau 203 Jahre vor dem großen Tag in der Caatinga-Savanne, und die Hauptrolle spielte ein deutscher Ritter.

An jenem Tag schoss der bayerische Naturforscher Johann Baptist Spix mit seiner Büchse einen Vogel vom Baum, den die Wissenschaft noch nicht gesehen hatte. Mit einem Begleiter war er bis an den Rio São

DER GROSSE MOMENT: Nach langem Zögern wagt sich der erste Spix hinaus. Begleitet wird er von Rotrücken-Aras, die ihm als ortskundige »Guides« dienen

Francisco vorgedrungen, nicht weit entfernt von jenem Ort, an dem heute die Auswilderungsanlage des ACTP steht. Als Teilnehmer der Brasilien-Expedition des österreichischen Kaisers sollten die beiden Pflanzen und Tiere der „Neuen Welt" sammeln, auch bunte Vögel. Spix notierte zu seiner frisch erlegten Beute: lange Schwanzfedern; gesellig lebend, wiewohl äußerst selten." Eine „dünne Stimme" zeichne den 56 Zentimeter langen Vogel aus, den er fälschlicherweise für einen Hyazinth-Ara hielt. Kurz nachdem Spix zum Ritter geschlagen wurde, starb er an einer Tropenkrankheit. Ihm zu Ehren erhielt die neu entdeckte Art 1832 ihren Namen: Sittace spixii, Spix-Ara.

WÄHREND DER FOLGENDEN Jahrzehnte wurden exotische Papageien in Europa zur viel bestaunten Attraktion. Um 1900 zeigte der Berliner Zoo in einer großen Ausstellung das legendäre blaue Quartett aus Brasilien: den fast einen Meter langen Hyazinth-Ara, den Türkis- und den Lear-Ara sowie den vergleichsweise kleinen Spix. Wohlhabende Familien stellten Papageien als Accessoire in ihren Salons aus. Der Spix galt als die Mona Lisa unter ihnen: rar, zauberhaft schön, geradezu mystisch – und sehr begehrt.

Damals begannen Wildtierhändler, in der Caatinga Raubzüge auf Spix-Aras zu organisieren – der Anfang vom Ende der ohnehin kleinen Population. Denn die arglosen Geschöpfe waren eine leichte Beute. Als treue Paare schlafen und brüten sie über Jahre in denselben Nisthöhlen von Caraiba-Bäumen.

> Die vermeintliche Vogelliebe hat ***vielen Aras ebenso geschadet*** wie die Zerstörung des Lebensraums

Einheimische, die wussten, wo diese Bäume standen, verdienten mit einem heißen Tipp oder gar einem lebenden Exemplar mehr Geld als mit dem Verkauf Dutzender hagerer Ziegen. Weder das Exportverbot für Wildtiere, das Brasilien 1967 verhängte, noch ein internationales Handelsverbot konnten den Frevel stoppen. Im Gegenteil: Der Schmuggel wurde dadurch erst richtig lukrativ. Anfang der 1980er-Jahre zahlten Vogelsammler für einen lebenden Spix auf dem Schwarzmarkt 30 000 US-Dollar.

Und es gab und gibt viele Sammler; meist reiche, exzentrische Männer, die sich mit außergewöhnlichen Statussymbolen schmücken wollen. In deren Welt gilt für Papageien dasselbe Marktgesetz wie für andere Raritäten: je seltener, desto teurer.

Diese vermeintliche Vogelliebe hat vielen Ara-Arten in der Natur mindestens so geschadet wie die Zerstörung ihrer Lebensräume. Acht Spezies wurden ausgerottet; darunter der große Cousin des Spix, der Türkis-Ara. Alle 17 verbliebenen langschwänzigen Aras stehen auf der Roten Liste der bedrohten Arten. Und mit am stärksten bedroht sind die drei Überlebenden des blauen Quartetts. Von ihnen existieren heute mehr Vögel in Gefangenschaft als in Freiheit.

Die letzten wilden Spixe

„ANFANG DER 1980ER-JAHRE fragten sich viele Expertinnen und Experten, ob der Spix in der Wildnis überhaupt noch existiert", sagt René Wüst, Verleger von Europas bedeutendster Fachzeitschrift über Papageien („Papageien") und zugleich Vorstandsmitglied der Münchener Zoologischen Gesellschaft für Arten- und Populationsschutz (ZGAP). „Jahrzehntelang gab es keine Berichte über Spix-Sichtungen mehr." Aber viele über den Spix-Handel.

In den Jahren 1985 bis 1988 initiierte die ZGAP Suchexpeditionen durch die Caatinga-Savanne, fündig wurde sie erst 1986: Nahe Curaçá, am Rio São Francisco, entdeckte sie tatsächlich noch drei Spixe, ein Paar und ein Einzeltier. Die wohl Letzten in freier Wildbahn.

Auf diesem Trio ruhte damals die Hoffnung für das Überleben der gesamten Spezies. Sie galten als deren „kulturelle Rettungsanker". Denn nur sie wussten noch, welche Samen und Früchte nahrhaft sind, wo in der Trockenzeit Wasser zu finden ist, wie man vor Greifvögeln warnt und sich vor Schlangen schützt, die in die Nisthöhlen eindringen. Nur sie wären in der Lage, dieses Erfahrungswissen an Artgenossen weiterzugeben, die in Menschenobhut aufgewachsen sind und vielleicht eines Tages im Rahmen eines Auswilderungsprojektes zurückkehren in die Natur.

Die ZGAP bezahlte einheimische Bodyguards: Cowboys, vaqueiros auf Portugiesisch, die das Spix-Trio im Auge behalten sollten. Vergebens. Im Mai 1987 verschwand der Single-Spix. Am Weihnachtsabend des gleichen Jahres fingen bewaffnete Räuber das Weibchen. Im Januar 1988 holten sie das Männchen.

Nun – zu spät? – kamen plötzlich Geld und Ideen zusammen, um die Spezies zu retten. Brasilien gründete ein „Spix-Komitee" mit Ara-Expertinnen und -Experten, das weltweit nach Vögeln in Gefangenschaft fahndete, um ein Erhaltungszuchtprogramm zu starten. Es machte etwa 15 Exemplare ausfindig, die meisten gehörten Millionären aus aller Welt.

Parallel entdeckte ein britisches Ornithologen-Team auf einer erneuten Suchexpedition doch noch einen Wildling, wieder in der Nähe von Curaçá. Ein ausgewildertes Spix-Weibchen, mit dem er sich paaren sollte, wurde für ein paar Wochen seine Begleiterin. Dann wurde sie tot unter einer Stromleitung gefunden. Und im Jahr 2000 verschwand auch der letzte frei lebende Spix spurlos. Die Art galt somit offiziell als „in freier Wildbahn ausgestorben".

> Im Jahr 2000 verschwand der letzte frei lebende Spix – die Art galt als ***»in freier Wildbahn ausgestorben«***

Auch das Zuchtprogramm in Gefangenschaft lief schlecht. Unter den reichen Männern, die paarungsfähige Vögel besaßen, brannte nur einer wirklich für die Idee, seine gefiederten Kostbarkeiten für Nachzuchtexperimente herzugeben und Geld in das Projekt zu stecken: der Eigentümer des Privatzoos „Loro Parque" auf der Kanaren-Insel Teneriffa. Die anderen Besitzer zeigten wenig Interesse, ihre Prestigevögel auszuleihen. Als der steinreiche Scheich Saud Bin Muhammad Al Thani aus Katar einem von ihnen vier Vögel für seinen Privatzoo in der Wüste abkaufte, die eigentlich für eine Paarung vorgesehen waren, kam es zum Bruch. Das „Spix-Komitee" löste sich auf.

Die in Gefangenschaft lebenden Aras landeten nach und nach fast alle im Wüstenzoo Saud Al Thanis. Der Scheich hatte Großes vor; er investierte Millionen, nicht nur für Vögel, auch für Fachpersonal, medizinische Forschung, Methoden der künstlichen Befruchtung. Sogar in eine Farm bei Curaçá, um die Spixe eines Tages auszuwildern. Als er 2014 starb, war sein Bestand auf gut 50 Exemplare angewachsen – drei Viertel der Tiere aus dem Zuchtprogramm. Doch keiner seiner Spixe durfte bis dahin zurückkehren in die Caatinga.

Von Brandenburg nach Brasilien

MIT EINEM SCHWARZEN SUV fährt Martin Guth durch das Tor der Nachzuchtanlage des ACTP in Brandenburg. Es ist eine abgeschottete Welt, zu der die Öffentlichkeit keinen Zutritt hat; das GEO-Team erlebt hier exklusiv eine Reise zu den schönsten Raritäten der Vogelwelt. In penibel gepflegten Volieren leben auf 4240 Quadratmetern neben den Spix-Aras auch blaue Lears- und Hyazinth-Aras, dazu Blaumasken-Amazonen und grün

LANGE UND INTENSIV werden die Vögel auf den Tag X vorbereitet. Das Problem: Es gibt keine Artgenossen mehr, von denen sie lernen könnten, wie man draußen überlebt

BEHUTSAM HÄLT Katrin Scholtyssek einen Jungvogel. Die Biologin kennt sich bestens mit den individuellen Bedürfnissen der Heranwachsenden aus

schimmernde Königsamazonen aus der Karibik oder australische Rot- und Gelbschwanzkakadus. Die Vögel krakeelen in allen Tonlagen oder putzen sich hingebungsvoll das psychedelisch bunt schimmernde Gefieder.

Martin Guth bemerkt andere Dinge: „Ah, das neue Spielzeug aus Australien kommt gut an!" Dem Tierpfleger ruft er zu: „In der Voliere musste Rasen mähen. Aber hier nicht, die Brutpaare brauchen Ruhe!" Ein Vogel sitzt apathisch in der Ecke, sofort bekommt der Tierarzt eine Sprachnachricht: „Please check the bird!"

Beim Kaffee erzählt Guth, wie alles begann, wie er als kleiner Junge seinem Nachbarn beim Putzen des Vogelkäfigs helfen durfte. „Die DDR war grau, die Papageien waren bunt, das hat mich begeistert." Als er zehn Jahre alt war, züchtete er seinen ersten Nymphensittich. 1988 flüchtete er über Ungarn in den Westen, als gelernter Tierpfleger fand er Arbeit in einer Zoohandlung, die Aras verkaufte.

Guth betrieb die Papageienzucht lange Zeit nur als Hobby, neben Jobs in der Bau- und Immobilienbranche. Dann sah er Anfang 2005, während eines Urlaubs auf Teneriffa, im dortigen Papageienpark zum ersten Mal einen Spix-Ara. „Ich bekam Gänsehaut." Er unterhielt sich mit dem Kurator, „der erzählte, wie bedroht der Spix ist, dass sie die Jungvögel nicht verpaart kriegen. Da kam diese verrückte Idee bei mir auf: Vielleicht schaffst du's ja!"

EIN ÜBERAMBITIONIERTES Vorhaben für einen Hobbyzüchter, oder? Er zuckt mit seinen Schultern. „Genau das war schon immer mein Antrieb", antwortet Guth. „Wenn die Leute sagen, unmöglich, geht nicht, klappt eh nicht, spornt mich das an. Dann kann ich nicht mehr lockerlassen." Aber er sagt auch: „Hätte ich damals gewusst, was alles auf mich zukommt, ich weiß ehrlich nicht, ob ich die Sache angepackt hätte."

Die „Sache" begann so richtig, als Guth erfuhr, dass ein Schweizer Halter drei seiner Vögel verkaufen wollte – ein Zuchtpaar, einen Jungvogel. Er legte einfach los. Im Frühsommer 2005 ging beim Bundesamt für Naturschutz in Bonn (BfN) sein Antrag auf „Einfuhr von drei Spix-Aras" ein. Genannter Zweck: Arterhalt in Kooperation mit der brasilianischen Umweltbehörde IBAMA. Damit wurde der blaue Ara aus Brasilien eine deutsche Staatsangelegenheit.

„Beim Thema Spix gingen bei uns natürlich alle roten Lampen an", erinnert sich die damalige BfN-Referatsleiterin. „Wir prüften sorgfältig: Sind die Schweizer Ausfuhrpapiere in Ordnung? Ja. Hat der Mann Erfahrung? Ja. Ist er wegen Artenschutzvergehen bekannt? Nein. Ist Brasilien einverstanden? Ja." Beamtinnen und Beamte des Brandenburger Umweltministeriums inspizierten Guths Volieren. „Er hatte sich akribisch vorbereitet auf die Bedürfnisse der Art", betont Frank Plücken, Referatsleiter Artenschutz. „Wir hatten Vertrauen, dass er es schafft", resümiert seine Kollegin vom BfN.

Kurz darauf zogen die drei Vögel in Guths Voliere ein – und die Erfolgsgeschichte begann. Das erste Spix-Küken schlüpfte 2008, Frieda. Anfang 2011 folgten Kiki und Felix. „Damals tanzten wir vor Freude ums Feuer", erinnert sich Guth und lacht: „Wenn wir das heute noch machen würden, wären wir das ganze Jahr über besoffen!"

2018 übernahm Guth auch die 120 Spixe des verstorbenen Scheichs Saud Al Thani. Da war aus dem

Hobbyzüchter längst der hauptberufliche Vorsitzende des Zucht- und Auswilderungsvereins ACTP geworden.

Der Vogel hilft auch den Menschen

JUNI 2021, IN DER »BABY-STATION« des ACTP in Tasdorf. Katrin Scholtyssek, die Biologin, zieht einen weißen Kittel und Handschuhe über, rührt eine Nährlösung zusammen, dann betritt sie den Raum mit den Brutkästen. In jedem kuscheln zwei Baby-Spixe aneinander, weich gebettet auf Küchenpapier und Haferflocken. Kaum haben die Küken sie wahrgenommen, versuchen sie sich tapsig aufzurichten und fiepen: Hunger!

Die jüngsten Spixe sind vor drei Tagen geschlüpft, zehn Gramm, nackte rosa Haut, die Augen noch geschlossen. Den zwei Wochen alten Aras sind schon ein paar zauselige blau gescheckte Federn gewachsen. Bei den Zwei-Monats-Küken schimmert das azurblaue Federkleid fast schon wie bei den Erwachsenen. Sie tragen Ringe am Fuß oder einen ID-Chip unter der Haut. Welche Vögel sich paaren dürfen, entscheiden weniger sie selbst als die Analyse ihrer DNA.

Scholtyssek holt ein Küken nach dem anderen aus dem Brutkasten, drückt ihnen mit einer Nährspritze Futter in den Schnabel. Einmal kurz auf die Waage, dann dürfen sie zurück ins Warme. „Jedes Mal gibt's zehn Prozent des Körpergewichts", sagt sie. Jedes Mal, das heißt: alle zwei Stunden, tags wie nachts. Scholtyssek hat dunkle Ringe unter den Augen.

Mit 80 Tagen dürfen die Jungvögel dann zu den „Großen": in bunt bemalte, videoüberwachte Volieren mit Fußbodenheizung und mit Kletterbäumen samt Spielzeug gegen Langeweile. Zweimal täglich wird Müsli aus frischen Früchten, Nüssen und Kernen serviert, es gibt einen Putzservice und einem begrünten Außenbereich. Eine Luxusunterkunft für Vögel.

Zu jedem einzelnen Detail rund um die blauen Aras kann Scholtyssek minutenlang erzählen. Welche Nährstoffe das Futter braucht, damit die Paare brüten. Bei welcher Luftfeuchtigkeit sie die Eier im Inkubator drehen, um die Überlebenschancen der Embryos zu erhöhen. Oder wie sich die Charaktere der Küken in der Baby-Station unterscheiden. „Manche gucken stets neugierig, andere stellen sich vor Angst tot, und dieser Fiesling beißt mir ständig in den Finger", lacht Scholtyssek. Ihren „Babys" gibt sie alles – außer Liebe. „Streicheln, spielen, ein Name, darf alles nicht sein. Sonst werden sie zahm. Aber sie sollen ja wild werden."

25 Reisestunden entfernt, in der Auswilderungsanlage des ACTP in der brasilianischen Caatinga, sieht Cromwell Purchase zur gleichen Zeit ähnlich müde aus wie seine Kollegin in Tasdorf: Seit dem 3. März 2020 kümmert der Veterinär sich mit seiner Frau, einer Biologin, dort um 52 Spix-Aras. Pünktlich zum Internationalen Tag des Artenschutzes waren die Vögel von Berlin-Tegel im Privatjet nach Brasilien geflogen, gerade noch rechtzeitig vor dem ersten Corona-Lockdown. Ein Jahr später legten die ersten Pärchen Eier, die ersten „brasilianischen" Spix-Eier. Purchase steckte sie sicherheitshalber in den Inkubator. Drei Küken sind geschlüpft; auch sie verlangen nun alle zwei Stunden nach Futter.

Die neue Heimat der blauen Aras liegt am Ende der Staubpiste, die von Curaçá durchs Buschland zum Melancia-Creek führt. Das Wohnhaus der Purchases

IN DEN BRUTKÄSTEN der Aufzuchtstation kuscheln Baby-Spixe. Frisch geschlüpfte Tiere sind noch nackt, doch rasch wachsen den Kleinen zauselige Federn

DIE GERÄUMIGE ANLAGE vor den Toren Berlins dient der Aufzucht der Vögel. Hier gibt es fast alles, was das Papageienherz begehrt: Futter, Platz, Artgenossen

SPIX-PAARE BLEIBEN vermutlich ein Leben lang beieinander. Jetzt hoffen die Artenschützer, dass sie auch draußen in der Natur wieder zusammenfinden und Nachwuchs zeugen

ist noch eine Baustelle, dafür sind die Volieren bereits ebenso bunt bemalt und, abgesehen von der Fußbodenheizung, baugleich ausgestattet wie in Brandenburg. Das Paar schläft derweil auf Isomatten in der Quarantänestation und kocht sich Pasta in der Futterküche.

Für das Spix-Projekt sind die beiden von ihrer Heimat Südafrika zunächst nach Katar und dann über Tasdorf weiter nach Brasilien gezogen. Gemeinsame Trips in die nächstgelegene Stadt Petrolina sind für sie nur möglich, wenn die brasilianische Projektverantwortliche Camile Lugarini beim Füttern einspringt. Die Veterinärin koordiniert die Auswilderung für die brasilianische Naturschutzbehörde ICMBio. Der Staat hat 120 000 Hektar um die Anlage entlang des Melancia Creek zu zwei Schutzgebieten erklärt und teilweise eingezäunt, damit die Vegetation, vor allem die wertvollen Caraiba-Bäume an den Bachläufen, nachwachsen kann. Ziegen müssen draußen bleiben.

Am Abend vor der Auswilderung **leuchtet die berühmte Christus-Statue** zu Ehren der Vögel in Spix-Blau

Das Zentrum für Ökologie und Umweltmonitoring der Bundesuniversität des São-Francisco-Tals lässt zusammen mit einheimischen Familien Bäume und Sträucher anpflanzen, damit die Ziegen zu fressen haben und sich zugleich die überweideten Böden regenerieren. Gefördert wird das Projekt von der Interamerikanischen Entwicklungsbank und privaten Sponsoren, der Spix gilt als „Regenschirm-Spezies“, als eine Art, von deren Anwesenheit das gesamte Ökosystem profitiert.

Bis hin zur Spezies Mensch. Die Naturschutzbehörde hat junge Leute zu Rangerinnen und Rangern ausgebildet, Ältere werden unterstützt, damit sie für ihr Land offizielle Besitztitel erhalten. „Der Spix hilft auch dabei, den Einheimischen eine Zukunft zu geben“, erklärt Lugarini. „Wenn die Leute kein Einkommen haben, werden sie die Fehler ihrer Großväter wiederholen und die Spixe als fliegende Dollarscheine betrachten statt als Geschenk der Natur.“

Countdown zur Auswilderung

FLUGHAFEN SÃO PAULO, Mitte Februar 2022, vier Monate vor dem geplanten Auswilderungstermin. Am Gate trifft Martin Guth auf das „Team Spix“. Frisch aus Puerto Rico eingetroffen: Cromwell Purchase und Camile Lugarini, sie haben dort eine Art „Auswilderungs-Training“ absolviert: Ein Team des U. S. Fish & Wildlife Service, das schon mehrmals Puerto-Rico-Amazonen aus Züchtungen in die Freiheit entließ, brachte ihnen die entscheidenden Kniffe bei: die Vögel mit Netzen einfangen, Blutproben für letzte Gesundheitschecks nehmen, Halsbänder umlegen, an die kurz vor der Auswilderung Peilsender gehängt werden. Zwölf Monate mindestens senden sie Signale, so können die Rangerinnen und Ranger die Routen der Vögel nachverfolgen.

„War super“, berichtet der Südafrikaner knapp. „Kriegen wir hin!“ Alle sind ein wenig nervös. In den kommenden Tagen wollen sie 20 Spixe in die neue, große Auswilderungsvoliere umsiedeln. Ab da tickt dann der Countdown für den Juni-Termin, bis dahin ist noch viel vorzubereiten.

Und ein Problem gilt es zu lösen. Erst beim Mittagessen in Petrolina wagt Camile Lugarini es anzusprechen, in einer Churrasqueria, 30 Grad, viel Bier, viel Fleisch. Brasiliens Naturschutzbehörde hat kein Geld mehr. „Und wer zahlt?“, murrt Guth. „Ach so, natürlich wir.“ Die Brasilianerin nickt ausdruckslos, die leeren Kassen ihrer Behörde sind ihr sichtlich peinlich; der brasilianische Präsident Bolsonaro hat die Finanzmittel für den Naturschutz radikal gekürzt.

Guth weiß das natürlich. Während die meisten Naturschutzorganisationen nach der Wahl Bolsonaros das Land verließen, flog er selbst in die Hauptstadt Brasiliá und wartete tagelang auf einen Termin beim neuen Umweltminister. Der Deal, den sie vereinbarten, lautet in etwa: ACTP kann weitermachen, darf aber die Regierung nichts kosten. „Ich konnte nicht auf einen besseren Präsidenten warten“, sagt Guth. „Ich musste das durchziehen!“

Auf dem Weg zur Auswilderungsstation bessert sich die Stimmung. Die Caatinga-Savanne ist grün, überall sind Vögel, man übertrifft sich gegenseitig beim Arten-Identifizieren. Ein Kaktussittich! Ein Schwefelmaskentyrann! Eine Blaustirnamazone! Doch kaum erreicht das Team das Gelände der Anlage, versteinern die Gesichter. Die Auswilderungsvoliere ist nicht fertig geworden. Der Sonnenschutz fehlt, die zweite Lage Maschendraht auch, am Boden liegt überall Schutt. Guth beginnt hektisch zu telefonieren.

„Wir können den Spixen nur dann ihre Halsbänder umlegen, wenn sie danach in die neue Voliere umziehen“, erläutert Camile Lugarini. „Dort sind sie so abgelenkt, dass sie das neue Ding vergessen. In der vertrauten Voliere würden sie sofort versuchen, sie wegzurupfen.“

Mit einem Ranger und einer Rangerin fährt Lugarini an den nahen Flusslauf, wo ein Paar Rotrücken-Aras nistet. „Wir wollen sie entführen, mitsamt ihren Jungvögeln“, erklärt sie. Warum? „Sie kennen sich hier

IN EINEM TARNZELT wartet das »Team Spix« ungeduldig darauf, dass die Aras aus der Voliere fliegen und ihre Freiheit zurückerobern

bestens aus. Wir bringen sie zu den Spixen in die Auswilderungsvoliere. Nach der Auswilderung sollen sie ihren unerfahrenen blauen Cousins zeigen, wie man in Freiheit überlebt. Sie werden sozusagen ihre Coaches."

Erst klettert ihre junge Kollegin einen Caraiba-Baum hinauf zu einem Nistkasten, sie trägt Gamaschen und Handschuhe gegen Schlangen und Bienen, einen Helm. Lugarini sichert sie mit dem Seil, jeder Handgriff sitzt. Doch der Kasten ist leer. Im zweiten Baum findet ihr Kollege ein Nest mit zwei Eiern, er packt sie behutsam in ein Täschchen und seilt sie ab. Lugarini durchleuchtet die Schale mit einer Taschenlampe und freut sich: „Beide sind befruchtet!"

BEI DER RÜCKFAHRT nach Curaçá zeigt sie den Gästen, wie sich das Dorf herausgeputzt hat: Die Kirche und das Theater erstrahlen in Spix-Blau, ein „Spix-Hotel" hat eröffnet, vor der Tankstelle steht eine riesige Vogel-Holzskulptur, ein ehemaliger Cowboy schnitzt Souvenirs. Der Star von Curaçá, der Sänger Fernando Ferrera, probt sein Spix-Lied, die ganze Stadt kenne den Text auswendig, schwärmt Lugarini.

„Zur Auswilderung bekommt jedes Schulkind einen Spielzeug-Spix", erklärt Guth am Abend. „Das wird ein Riesenfest für die Leute hier." Und die Voliere? „Reine Schikane des Bauunternehmers. Ich hab ein paar Bekannte in den oberen Etagen der brasilianischen Behörden informiert. Die werden ihm Dampf machen."

Am nächsten Tag läuft das Programm wie geplant. Cromwell Purchase fängt die Spixe, die er für die Auswilderung ausgewählt hat, in den Volieren ein. Die Vögel kreischen laut, als er sie aus der Transportbox holt, mit gekonntem Griff die Flügel spreizt und das Köpfchen hochdrückt, damit sein Kollege den Chip ablesen kann. Sie nehmen Blut ab, messen den Herzschlag, die Temperatur, ertasten den Zustand von Federn und Flugmuskeln. Der Befund: „Alle in Top-Zustand."

Acht Vögel sollen im Juni ausgewildert werden, zwölf weitere im Dezember, dann wird man weitersehen. Wie erfolgt die Auswahl? „Es gibt kein Handbuch dafür", sagt Purchase, „nur Erfahrungen wie in Puerto Rico oder aus dem Pantanal, wo Hyazinth-Aras ausgewildert werden. Doch dort leben noch Artgenossen in Freiheit. Hier nicht. Es ist ein Versuch ohne Garantie, dass es klappt." Sein Trost: Es gibt genügend Nachwuchs. „Aber jetzt muss erst mal die verdammte Auswilderungsvoliere fertig werden!"

Eine Woche später ist es geschafft. Stolz schickt Martin Guth Drohnenbilder aus der Voilere: „Die Spixe fliegen munter herum", berichtet er. Die Halsbänder scheinen sie nicht zu stören. Und sie lernen von den Rotrücken-Aras. „Wenn die Alarm schreien, weil ein Raubvogel vorbeifliegt, gehen sie sofort in Deckung. Läuft!"

Der große Tag

SCHON AM ABEND VOR der Auswilderung leuchtete die berühmte Christus-Statue über der Bucht vor Rio de Janeiro zu Ehren der Vögel und ihres Rettungsteams in Spix-Blau. Nach der Auswilderung und der anschließenden Pressekonferenz, vielen Reden, Tänzen und Liedern geht die Party in Curacá bis in den frühen Morgen. Cromwell Purchase und seine Frau sind da längt wieder zurück in der ACTP-Anlage, um die freigelassenen Vögel zu beobachten. Alle Spixe sind über Nacht brav zurück in die Voliere und am nächsten Morgen wieder hinaus. Die Rotrücken-Aras, die zusammen mit ihren blauen Cousins freigelassen wurden, verhalten sich wie erwartet etwas mutiger, fliegen bereits weite Runden, während die Spix-Aras noch zögerlich beginnen, den Luftraum über der Voliere zu erkunden.

Abends kehren alle in ihren Käfig zurück, dort finden sie gefüllte Futternäpfe und vor allem, in einem abgetrennten Abteil, ihre Partnerinnen und Partner. Purchase hat bewusst einige Paare getrennt. „Das erhöht die Chance, dass die freien Vögel in der Nähe bleiben."

Zwei Monate später sind noch alle Spix-Aras am Leben, berichtet Martin Guth dem GEO-Team per Sprachnachricht. Er klingt in höchstem Maße erleichtert, geradezu glücklich. „Nur einer war mal über Nacht verschwunden, nach einer Begegnung mit einem Geier hat ihn vermutlich die Angst gepackt." Guth schwärmt: „Alles klappt wie am Schnürchen! Die Hühner fliegen wie die Weltmeister, wir hätten es uns nicht besser erträumen können!"

Tatsächlich drehen sie jetzt immer weitere Runden, verbringen immer mehr Zeit in den Caraiba-Bäumen am Bachlauf, holen sich bereits Früchte aus der Natur, warnen sich gegenseitig mit einem Schrei, wenn Greifvögel am Himmel auftauchen.

Die zweite Auswilderung im Dezember steht fest im Plan. Bis dahin sollen weitere 25 Spix-Aras aus Tasdorf in die Caatinga gebracht werden. „Wir haben zu viele Küken", sagt Guth. „Langsam wird es eng. Dass das mal ein Problem wird, hätte selbst ich mir nicht ausdenken können."

Romeo und Lazarus

Als Verifikationsredakteur ***Jörg Melander*** vom Quality Board die Fakten dieses Textes überprüfte, las er vom »Romeo-Effekt«: Werden seltene Arten zu früh für ausgestorben erklärt, erlischt das Engagement, sie zu retten, und sie sterben tatsächlich aus. Doch Artenschutz braucht mehr als tatkräftigen Einsatz für die Art. Ohne Biotopschutz ist er sinnlos, denn nur in intakten Lebensräumen können sich die Populationen gefährdeter Arten erholen. Betreibt man Biotopschutz konsequent, tritt auch der »Lazarus-Effekt« häufiger auf. So nennt man es, wenn Wissenschaftlerinnen und Wissenschaftler längst ausgestorben geglaubte Tiere entdecken, als wären diese von den Toten auferstanden – wie 1987 den Quastenflosser.

Der Artikel »Der Fluch der blauen Federn« wurde vom GEO-eigenen Quality Board einem Faktencheck unterzogen

IMPRESSUM

GRUNER + JAHR DEUTSCHLAND GMBH, AM BAUMWALL 11, 20459 HAMBURG

POSTANSCHRIFT DER REDAKTION: BRIEFFACH 24, 20444 HAMBURG.
TELEFON: 0049/40/37 03 20 84, E-MAIL: BRIEFE@GEOKOMPAKT.DE
INTERNET: WWW.GEOKOMPAKT.DE

CHEFREDAKTION: Jürgen Schaefer, Katharina Schmitz
REDAKTIONSLEITUNG: Meike Kirsch (Reise), Christiane Löll, Jürgen Schaefer (Wissen), Katharina Schmitz (Natur und Nachhaltigkeit), Joachim Telgenbüscher (Geschichte)
VISUAL DIRECTION: Andreas Pufal
STELLV. VISUAL DIRECTION (FOTOGRAFIE): Lars Lindemann
MANAGING DESIGNER: Sharare Amirhassani (GEO Saison), Arne Kluge (P. M.), Torsten Laaker (GEO Wissen, GEOkompakt), Tatjana Lorenz (GEO Epoche), Daniel Müller-Grote (GEO)
TEXTLEITUNG: Stephan Draf, Birte Lindlahr, Katharina Priebe
GESCHÄFTSFÜHRENDE REDAKTEURIN: Maike Köhler
LTG. DIGITALE MAGAZINE/SONDERPRODUKTE: Rainer Droste
TEXTREDAKTION: Jörg-Uwe Albig, Jörn Auf dem Kampe, Anne Baum, Jens-Rainer Berg, Kirsten Bertrand, Insa Bethke, Tilman Botzenhardt, Nils Erich, Björn Erichsen, Dr. Anja Fries, Marlene Göring-Kruse, Gesa Gottschalk, Rainer Harf, Lara Hartung, Gunnar Herbst, Maria Kirady, Diana Laarz, Fred Langer, Barbara Lich, Dr. Mathias Mesenhöller, Dr. Theresa Palm, Ines Possemeyer, Samuel Rieth, Nora Saager, Martin Scheufens, Katja Senjor, Iona Marie Schlußmeier, Claus Peter Simon, Johannes Teschner, Bertram Weiß, Sebastian Witte
ABENTEUER & EXPEDITIONEN: Lars Abromeit
REDAKTEUR FÜR BESONDERE AUFGABEN: Siebo Heinken
BILDREDAKTION: Camilla Ackermann, Julia Franz, Mareile Fritzsche, Christian Gargerle, Christian Gogolin, Anja Jöckel, David Kern, Frauke Körting, Chantal Alexandra Pilsl, Carla Rosorius, Trixi Rossi, Simone Thürnau, Katrin Trautner, Carina Weirauch
GRAFIK: Dennis Gusko, Michèle Hofmann, Helma Janssen, Anja Klingebiel, Jan Krummrey, Eva Mitschke, Christina Schäfer, Christina Stahlke, Frank Strauß, Nele Wiewelhove
KARTOGRAFIE: Stefanie Peters
CHEF VOM DIENST/KOORDINATION: Ralf Schulte
QUALITY BOARD – VERIFIKATION, RECHERCHE, SCHLUSSREDAKTION: Leitung: Tobias Hamelmann, Norbert Höfler. Stellvertreterin: Melanie Moenig Sven Barske, Elke von Berkholz, Lenka Brandt, Susanne Elsner, Regina Franke, Hildegard Frilling, Petra Frost, Thomas Gebauer, Ricarda Gerhardt, Dr. Götz Froeschke, Susanne Gilges, Cornelia Haller, Ursula Hien, Dagny Hildebrandt, Sandra Kathöfer, Judith Ketelsen, Petra Kirchner, Dirk Krömer, Jeanette Langer, Mai Laubis, Michael Lehmann-Morgenthal, Dirk Liedtke, Kirsten Maack, Andreas Mönnich, Susan Molkenbuhr, Alice Passfeld, Christian Schwan, Andreas Sedlmair, Stefan Sedlmair, Olaf Stefanus, Michael Svetchine, Bettina Süssemilch, Torsten Terraschke, Antje Wischow, Andrea Wolf
ASSISTENZ DER CHEFREDAKTION/REDAKTIONSASSISTENZ: Ümmük Arslan, Judith Swiderek, Silvia Wieking
HONORARE/SPESEN: Heidi Hensel, Daniela Klitz, Katrin Schäfer, Carola Scholze, Katrin Ullerich, Andrea Gora-Zysno
GEO.DE: Leitung: Julia Großmann
Redaktion: Peter Carstens, Jaane Christensen (Bildredaktion), Solvejg Hoffmann, Malte Joost, Jennifer Köllen
GEO PLUS: Leitung: Julia Großmann.
Redaktion: Dr. Stefanie Maeck, Manuel Opitz, Matthias Thome, Franziska Türk
VERANTWORTLICH FÜR DEN REDAKTIONELLEN INHALT: Jürgen Schaefer, Katharina Schmitz
VICE PRESIDENT NEWS, WIRTSCHAFT & WISSEN (PRINT/DIGITAL): Bianca Wannemacher
PUBLISHING MANAGEMENT: Patricia Hildebrand, Svenja Urbach, Eva Zaher
SALES DIRECTION: Franziska Bauske, Betsy Edakkamannil, Maren Falke, DPV Deutscher Pressevertrieb
MARKETING DIRECTION: Stefan Bromberg
PRESSE- UND ÖFFENTLICHKEITSARBEIT: Sabine Grüngreiff
LIZENZEN: BRANDS Licensing by G+J: Siegel und Sonderdrucke, Koordination: Petra Martens, Anfragen: Tom Holste, E-Mail: holste.tom@guj.de
VERANTWORTLICH FÜR DEN ANZEIGENTEIL: Petra Küsel, Director Brand Print + Crossmedia, Ad Alliance GmbH, Am Baumwall 11, 20459 Hamburg. Es gilt die jeweils aktuelle Preisliste unter www.ad-alliance.de
HERSTELLUNG: G+J Herstellung, Heiko Belitz (Ltg.), Oliver Fehling
Druckvorstufe: Mohn Media Mohndruck GmbH, Gütersloh
Druck: appl druck GmbH, Wemding
GEOkompakt wird auf chlorfrei gebleichtem Papier gedruckt.
Die Papierfasern stammen aus nachhaltiger Waldbewirtschaftung.
Die Nachhaltigkeit ist nach ISO 14001 zertifiziert.

Bankverbindung: Deutsche Bank AG Hamburg,
IBAN: DE30 2007 0000 0032 2800 00, BIC: DEUTDEHH
ISSN: 0933-9736; ISBN: 9783652012577

USA: GEO kompakt (German) (USPS no 00011476) is published by Gruner+Jahr Deutschland GmbH.
Known Office of Publication: Data Media (A division of Cover-All Computer Services Corp.), 2221 Kenmore Avenue, Suite 106, Buffalo, NY 14207-1306. Periodicals postage is paid at Buffalo, NY 14205. Postmaster: Send address changes to GEO (German), Data Media, P.O. Box 155, Buffalo. NY 14205-0155, E-Mail: service@roltek.com, Toll free: 1-877-776-5835
Kanada: Sunrise News, 47 Silver Shadow Path, Toronto, ON. M9C 4Y2, Tel. + 1 647-219-5205, E-Mail: sunriseorders@bell.net

GEO-LESERSERVICE

ABONNEMENT- UND EINZELHEFTBESTELLUNG
ONLINE-KUNDENSERVICE: www.geo.de/kundenservice
POSTANSCHRIFT: GEOkompakt-Kundenservice, 20080 Hamburg, Tel.: 0049/40/55 55 89 90
SERVICE-ZEITEN: Mo–Fr 7.30–20 Uhr, Sa 9–14 Uhr

BESTELLADRESSE FÜR GEO-BÜCHER, GEO-KALENDER, SCHUBER ETC.:
GEO-Versand-Service, 74569 Blaufelden
Tel.: 0049/40/422 36 427

BILDNACHWEIS

Anordnung im Layout: l. = links, r. = rechts, o. = oben, m. = Mitte, u. = unten

TITEL
Willi Rolfes

EDITORIAL
David & Micha Sheldon/F1online: 3 l.; David Kern: 3 r.

INHALT
siehe entsprechende Seiten

DIE WELT DER ÜBERFLIEGER B
en Hall/naturepl.com: 6/7; Andy Pollard/ BIRD PHOTOGRAPHER OF THE YEAR 2022/Gold Award Winner: 8/9; Staffan Widstrand/Wild Wonders of China/naturepl.com: 10/11; Peter Ismert/BIRD PHOTOGRAPHER OF THE YEAR 2022/Gold Award Winner: 12/13; age fotostock/lookphotos: 14/15; Henley Spiers/BIRD PHOTOGRAPHER OF THE YEAR 2022/Silver Award Winner: 16/17; Jack Dykinga/naturepl.com; 18/19; Pal Hermansen/naturepl.com: 20/21; Bence Mate/naturepl.com: 22/23

VOM WERT DER VÖGEL
Ammar Alsayed Ahmed/BIRD PHOTOGRAPHER OF THE YEAR 2022/ Gold Award Winner: S.24

ALLE VÖGEL SIND SCHON DA
©Zhao Chuang/PNSO: 26–39; Illustration: Eric Tscherne: 39, 43

BEREIT FÜR DIE REISE
Danny Green/naturepl.com: 42–43; Rainer Harf: 44; Fabrice Cahez/naturepl.com: 45; Ralf Bitter: 46/47; Cyprian Lothringer: 46/47; Luis Quinta/naturepl.com: 48 o.; Paul Hahn/laif: 48 u.

WAS MEISE UND FINK SO ZWITSCHERN
Willi Rolfes: 50/51; picture alliance/blickwinkel: 52; Klaus Tamm: 53, 54/55; Markus Johannsen/BIA birdimagency: 56 o.; PicturePress/Wahrmut Sobainsky/natureinstock: 56 u.; David & Micha Sheldon: 56/57 m. o.; Siegmar Tylla/ddp images: 56/57 m. u.; Illustration: Hendrik Gheerardyn: 58; Andreas Volz: 59

BAUMEISTER
ngo Arndt: 58–63, 67; Dietmar Nill/naturepl.com: 65

MIT DEN AUGEN DES ADLERS
Jacques Olivier Travers: 68/69; Ulla Lohmann: 70; Nomi Baumgartl: 71

FEDERLEICHTE MEISTERWERKE
Rainer Harf: 70–83

VON WEGEN SPATZENHIRN
Ingo Arndt: 86/87, 90/91; Andrew Zuckerman: 88/89, 92–95

LIEBE GEHT DURCHS FERNGLAS
Sofia Brandes: 96–107

DAS SCHWERE LOS DER SCHWERELOSEN
Ingo Arndt: 108–112, 114, 116–118; Cyprian Lothringer: 113, 115, 119

DER FLUCH DER BLAUEN FEDERN
Klaus Nigge: 120–129

WANDA WILL FLIEGEN
Roman Pawlowski: 132–139

DIE WELT DES WISSENS: GEOKOMPAKT WIRD DIGITAL
Garage Island Crew/Stocksy: 140/141; Tim Wehrmann: 140 o.; Ayrton/Adobe Stock: 140 m.; YAY Images/IMAGO: 140 u.

IMMER DEM SCHNABEL NACH
Rainer Harf: 142–145

Eines Tages findet Christiane Haupt auf der Straße einen verletzten Vogel – und ihre Bestimmung: Sie pflegt das Tier gesund, wird Tierärztin und gründet eine Klinik für Mauersegler. Tausende von Tieren hat sie mittlerweile gerettet, Tag und Nacht pflegt sie die Patienten. **Was bringt einen Menschen dazu, sein Leben einer Vogelart zu verschreiben?**

Text: **Martin Schlak**

Fotos: **Roman Pawlowski**

Wanda

ZUNEIGUNG
Christiane Haupt gibt den verletzten Vögeln einen Namen. Hier liegt Wanda nach einer Operation erschöpft in den Händen der Tierärztin

will fliegen

Es lässt sich im Nachhinein nicht mehr sagen, wie das Unglück geschah, das Kulka beinahe das Leben kostete.

VIELLEICHT TRAF DER MAUERSEGLER auf einen Falken, der ihn jagte und ihm einige Federn ausriss, vielleicht flog er gegen eine Fensterscheibe oder verfing sich in einem Rollladen. Im sächsischen Zittau ging er zu Boden und kam nicht mehr in die Luft. Das war im Juli 2017, Kulka war gerade sechs Wochen alt. „Großgefiederschaden" stand in der Patientenakte aus der Vogelauffangstation, in die ein barmherziger Mensch den Mauersegler gebracht hatte.

Einige Federn waren gerupft, andere gerissen. Ständig pickte Kulka sich Federkiele aus, die ihm nachwuchsen. Es sah nicht danach aus, dass er je wieder fliegen könnte. Dieser Vogel bedurfte der Hilfe einer Spezialistin.

Im Mai 2018 holt die Tierärztin Christiane Haupt den Mauersegler in Frankfurt am Main aus einer Kiste und streicht ihm über das Gefieder. Der Mauersegler windet sich in ihrer Hand. „Ja, du bist jetzt voll unter Adrenalin", flüstert sie ihm zu.

Es ist der Tag, an dem sie Kulka ein neues Leben schenken wird.

Christiane Haupt betreibt im Frankfurter Stadtteil Griesheim die europaweit einzige Spezialklinik für Mauersegler. Im Laufe der Jahre ist die Klinik zu ihrem Zuhause geworden. Im Operationsraum steht ein Hochbett, in dem sie fast jede Nacht verbringt. Haupt kümmert sich um jedes Tier, egal wie schwer verletzt es ist, egal wie gering seine Lebenschance ist. Die Vierzimmerwohnung ist ein Ort der bedingungslosen Liebe für den Mauersegler.

Anfang Mai, wenn die Mauersegler von ihrer Reise aus Afrika zurückkehren, nimmt Haupt fast täglich Patienten auf. Menschen bringen Vögel zu ihr, die sie hilflos auf der Straße gefunden haben, mit einem Flügelbruch oder einer Platzwunde. Christiane Haupt untersucht sie, gibt ihnen Wasser und Insektenlarven, behandelt sie mit Antibiotika oder Schmerzmitteln.

> Sie kümmert sich um jedes einzelne Tier, ganz gleich wie groß seine Chance ist

Manche Menschen nennen Dr. med. vet. Christiane Haupt eine Heldin. Sie selbst sagt, als Tierärztin tue sie bloß ihre Pflicht. Warum, fragt sie, sei das Leben eines Hundes, Papageis oder Meerschweinchens mehr wert als dasjenige eines Wildtieres? Warum zähle es mehr als das Leben eines Mauerseglers?

Es ist kurz nach elf Uhr morgens, als Christiane Haupt eine Spritze mit zwei Milligramm des Narkosemittels Ketamin aufzieht. Sie legt Kulka auf ihren Operationstisch. Er ist nun elf Monate alt und wiegt 37 Gramm.

VOR DER TIERÄRZTIN liegen drei Klemmen in verschiedenen Größen, eine Schere, eine Tube mit Sekundenkleber und ein Bogen Schmirgelpapier. Daneben aufgereiht: 25 Ersatzfedern; in ihren Kielen stecken nadellange Karbonstäbchen aus einem Modellbaugeschäft. Kulkas Augen klappen ruhelos zu und auf. „Du bist ein kleiner Hysteriker", sagt Haupt. Dann spritzt sie das Narkosemittel.

Den ersten Schnitt setzt Haupt an einer inneren Flügelfeder. Sie nimmt eine Ersatzschwinge, spitzt mithilfe des Schmirgelpapiers das Karbonstäbchen an und schiebt es in den hohlen Schaft der zerstörten Feder, dreht die Ersatzfeder und prüft den Winkel. Falls eine Feder nicht passt, gibt es einen Setzkasten, der Federn aller Art und Länge enthält. Dann tunkt Haupt den Kiel in die Flasche mit dem Sekundenkleber und befestigt ihn.

Auf ihrem Operationstisch probieren Vögel fremde Federn an wie Menschen neue Kleider. Nach zwei Stunden legt Haupt den Segler in eine vorgeheizte Kiste. Kulka wird sich nun einige Wochen lang erholen müssen.

FLÜGELSCHADEN
Manche Mauersegler kommen völlig zerfleddert in die Klinik. Christiane Haupt narkotisiert die Tiere und widmet sich dem lädierten Gefieder

»Ich will mir später nicht vorwerfen müssen, nichts getan zu haben«

SEGELPROBE
Bevor es zurück in die Wildnis geht, können die versorgten Tiere im Trainingsraum wieder lernen zu fliegen. Manche sind noch zu schwach

Neun Schwanzfedern und 13 Schwungfedern hat sie angeklebt. Drei Schwingen konnte sie nicht ersetzen, weil Kulka an diesen Stellen bereits neue wachsen. Christiane Haupt sagt, diese Federn schiebe er bald aus eigener Kraft nach.

DIE MAUERSEGLERKLINIK ist ein straff organisierter Betrieb auf 180 Quadratmetern. Christiane Haupt ist die einzige Angestellte in Vollzeit, bezahlt von der Stiftung Pro Artenvielfalt. Etliche Helfer übernehmen regelmäßig Schichten.

Jeder Mauersegler bekommt bis zu sechsmal am Tag Futter, Grille auf Larve auf Grille, denn selber zu picken haben Mauersegler nie gelernt. Als Jungtiere werden sie gefüttert, später fressen sie im Flug. Haupt hat sich eine Arbeit auferlegt, die niemals erledigt ist, die keine Feiertage kennt.

Die fröhlichsten Tage sind jene der Freilassung. An einem Freitagmorgen brechen zwei Autos in Frankfurt auf. Es fahren mit: Christiane Haupt, eine Flugtrainerin und zwei Fütterungshelferinnen. Auf der Rückbank reisen drei Mauersegler sowie ein Alpensegler namens Wanda; eine verwandte Art, die Haupt ebenfalls aufnimmt.

Kulka, der Mauersegler, den Haupt drei Wochen zuvor operiert hat, muss in der Klinik bleiben. Er hat sich einige der neuen Federn ausgerissen, und er frisst schlecht.

Nach drei Stunden erreicht die Fahrgemeinschaft Freiburg. Dort, in der Fassade des Polizeipräsidiums, brütet eine große Kolonie von Alpenseglern, die in Deutschland ausschließlich hier im Südwesten vorkommen.

Eine Helferin gibt den Vögeln mit einer Pipette noch etwas Wasser. Die Frauen steigen auf das Dach des Gebäudes, siebter Stock. Und dann geht plötzlich

> Sie hat sich eine Arbeit auferlegt, die niemals erledigt ist, die keine Feiertage kennt

alles ganz schnell. Christiane Haupt nimmt Wanda aus der Kiste. Sie streicht ihr über das Gefieder, und Wanda reckt den Kopf in die Freiheit, genau wie schon viele Tausend Segler vor ihr. Unter ihr ziehen die Alpensegler ihre Kreise und stoßen laute Rufe aus, als würden sie warten.

Haupt setzt den Vogel auf die erhobene Hand und wartet, bis er springt. „Wenn diese Augen zum Himmel blicken“, sagt sie, „weiß ich: Der will fliegen.“ ■

ABFLUG
Mit ihrem Team ist Christiane Haupt mehrere Stunden zu einer Alpenseglerkolonie nach Freiburg gefahren. So hat Wanda beste Startmöglichkeiten

Die Welt des Wissens: GEOkompakt wird digital

Immer **dem Schnabel** nach

Breit oder schmal, stumpf, spitz, gebogen oder mit Fangsack versehen: Vögeln sind eine Vielzahl an Schnäbeln gewachsen. Jeder für sich ist ein wahres Multifunktionstool

Gut zum Gründeln

Stockente

Lamellen am Rand ihres platten Schnabels helfen Enten, Gänsen und Co, Wasserpflanzen oder Gras zu rupfen. Und sie dienen auch als Filter: Wie durch ein Sieb pressen die Vögel – mit fast geschlossenen Schnabelhälften – eine Ladung Seesuppe daran vorbei. Mit etwas Glück bleibt eine Portion kleinster Nahrungspartikel zurück

Text und Illustrationen: **Rainer Harf**

Kräftiger Knacker

Kernbeißer

Vorn ist er spitz, an der Basis recht breit, Unter- und Oberseite sind etwa gleich lang: Der Kegelschnabel ist das Werkzeug der meisten Körnerfresser, zu denen etwa Finken gehören. Dem Kernbeißer ist ein besonders starker Knacker eigen: Damit bricht der größte heimische Fink selbst Kirsch- und Pflaumenkerne mühelos auf

Eine Sache mit Haken

Weißkopfseeadler

Greifvögel sind Fleischfresser und müssen imstande sein, ihre Beute zu zerschneiden. Wie gut, dass sie eine Art Messer am Kopf tragen: Das gebogene Ende des scharfkantigen Oberschnabels ragt über den unteren Part. Bestens geeignet, um Fell und Federn zu rupfen und die tierische Kost dann zu schluckbaren Happen zu filetieren

Der richtige Riecher

Kiwi

Er hat keine guten Augen, dafür aber eine hervorragende Nase. Nächtens schnüffelt sich der flugunfähige Kiwi durchs Unterholz. Ungewöhnlich für Vögel: Die Nasenlöcher sitzen an der Spitze des Schnabels. Den steckt der Kiwi gern direkt in die Laubstreu: Sensoren detektieren dort punktgenau nahrhafte Bissen wie Regenwürmer

Sensibles Essbesteck

Löffler

Auf Nahrungssuche stakst der langbeinige Vogel im Flachwasser von Seen und Küstenregionen umher – und seiht dabei: Dafür schwenkt er den namengebenden Schnabel hin und her und scheucht so potenzielle Beutetiere wie Insekten und Krebse auf. Sinneszellen am Vorderende des Löffels signalisieren: fressbar oder nicht

In den Sack gegangen

Pelikan

Einzigartig in der Vogelwelt ist sein Schnabel, an dessen unterer Hälfte ein dehnbarer Hautsack hängt. Mit diesem Kescher – Fassungsvermögen bis zu 13 Liter! – stürzt der Pelikan in die Fluten, um Fische zu erbeuten. Mitunter dauert es eine volle Minute, bis er das Wasser herausgepresst hat und die Beute hinunterschlucken kann

Rätsel um ein Horn

Rhinozerosvogel

Der Schnabelaufsatz vieler Hornvögel ist eine imposante Erscheinung, seine Funktion allerdings noch nicht ganz geklärt. Gut möglich, dass das Gebilde als Resonanzkörper dient und Territorialrufe der Vögel weiter durch den Wald trägt. Zudem mag das Horn – sobald voll ausgebildet – Artgenossen signalisieren: Ich bin geschlechtsreif

Spitzenmäßig geb

Säbels

Oft stehen die Watvögel gruppenweise im
Wasser, trippeln mit ihren Füßen und wirbeln so
aus dem Schlick auf. Derweil »säbeln« sie
dünnen, leicht nach oben gebogenen Schnabel rh
über den Meeresgrund und schnappen gesch
Krebsen, Würmern, Insekten oder auch Ju

Die Zapfenz

Fichtenkreuzs

Ihm hat die Evolution das perfekte Werkzeug
um an die Samen von Nadelbäumen, vor allem Fi
Lärchen, zu gelangen. Mit den überkreuzten End
Schnabels spreizt der zu den Finken gehörende
mit einer Zange die Schuppen von Zapfen auseina
zieht das nahrhafte Inne

Das dritte Bein

Gelbbrustara

Rillen auf der Innenseite des Oberschnabels helfen Papageien, Samen zu fixieren, deren Hüllen sie geschickt mit dem Unterschnabel wegknuspern. Zudem nutzen die Vögel den langen und spitzen Haken als Kletterhilfe, mit dem sie sich etwa an Zweigen festhalten können. Damit dient der Schnabel gleichsam auch als weitere Extremität

Auf die Blüte gekommen

Schwertschnabelkolibri

Sie schlürfen Nektar und bestäuben dabei Pflanzen: Kolibris und Blüten haben sich in einem koevolutionären Prozess einander angepasst. Die Futterblüten des Schwertschnabelkolibris entwickelten sehr lange, dünne Trichter. Und so ist er der einzige Vogel, dessen Schnabel mit elf Zentimetern länger ist als der Rest des Körpers

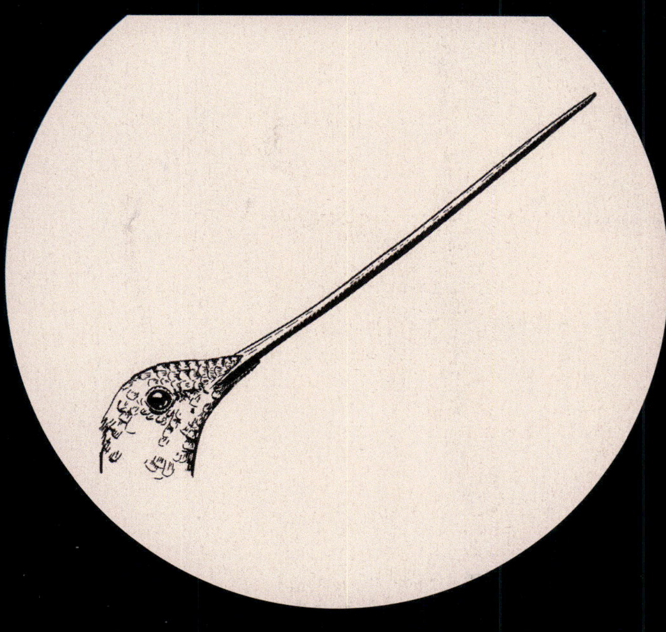

Der Trick mit dem Knick

Flamingo

Ihren Kopf senken die langhalsigen Vögel so ins Nass, dass sich ihr Oberschnabel unten befindet. Der Knick sorgt dafür, dass die leicht geöffneten Hälften auf ganzer Länge etwa gleich weit auseinander liegen. Pressen die Flamingos nun Wasser durch den Schnabel, verfangen sich an feinen Lamellen winzige Algen und Kleinsttiere

Klappe auf, Klappe zu

Scherenschnabel

Wie ein Fehler der Natur mutet er an, doch der seltsame Schnabel ist ein raffinierter Fischfänger: Die mit Möwen verwandten Vögel fliegen dicht über Wasseroberflächen, den verlängerten Unterschnabel eingetaucht. Berührt ein Fisch den Detektor, schnappt der kürzere Oberschnabel in Sekundenbruchteilen zu und erhascht die Beute

WIR NENNEN ES
HOME-LIFE-
BALANCE.
TEPPICH
„ALESSA“
799 €* UVP
COUCHTISCH
„CONNECT“
399 €* UVP